Travel phrasebooks collection
«Everything Will Be Okay!»

T&P Books Publishing

PHRASEBOOK

LA

GW00383175

THE MOST IMPORTANT PHRASES

This phrasebook contains
the most important
phrases and questions
for basic communication
Everything you need
to survive overseas

By Andrey Taranov

T&P BOOKS

Phrasebook + 1500-word dictionary

English-Latvian phrasebook & concise dictionary

By Andrey Taranov

The collection of "Everything Will Be Okay" travel phrasebooks published by T&P Books is designed for people traveling abroad for tourism and business. The phrasebooks contain what matters most - the essentials for basic communication. This is an indispensable set of phrases to "survive" while abroad.

Another section of the book also provides a small dictionary with more than 1,500 useful words arranged alphabetically. The dictionary includes a lot of gastronomic terms and will be helpful when ordering food at a restaurant or buying groceries at the store.

T&P Books Publishing
www.tpbooks.com

ISBN: 978-1-78716-261-7

This book is also available in E-book formats.
Please visit www.tpbooks.com or the major online bookstores.

FOREWORD

The collection of "Everything Will Be Okay" travel phrasebooks published by T&P Books is designed for people traveling abroad for tourism and business. The phrasebooks contain what matters most - the essentials for basic communication. This is an indispensable set of phrases to "survive" while abroad.

This phrasebook will help you in most cases where you need to ask something, get directions, find out how much something costs, etc. It can also resolve difficult communication situations where gestures just won't help.

This book contains a lot of phrases that have been grouped according to the most relevant topics. A separate section of the book also provides a small dictionary with more than 1,500 important and useful words.

Take "Everything Will Be Okay" phrasebook with you on the road and you'll have an irreplaceable traveling companion who will help you find your way out of any situation and teach you to not fear speaking with foreigners.

TABLE OF CONTENTS

T&P Books Publishing

PRONUNCIATION

Letter	Latvian example	T&P phonetic alphabet	English example

Vowels

A a	adata	[ɑ]	shorter than in park, card
Ā ā	ābols	[ɑ:]	father, answer
E e	egle	[e], [æ]	pet, absent
Ē ē	ērglis	[e:], [æ:]	longer than in bell
I i	izcelsme	[i]	shorter than in feet
Ī ī	īpašums	[i:]	feet, meter
O o	okeāns	[o], [o:]	floor, doctor
U u	ubags	[u]	book
Ū ū	ūdens	[u:]	pool, room

Consonants

B b	bads	[b]	baby, book
C c	cālis	[ts]	cats, tsetse fly
Č č	čaumala	[tʃ]	church, French
D d	dambis	[d]	day, doctor
F f	flauta	[f]	face, food
G g	gads	[g]	game, gold
Ģ ģ	ģitāra	[dʲ]	median, radio
H h	haizivs	[h]	home, have
J j	janvāris	[j]	yes, New York
K k	kabata	[k]	clock, kiss
Ķ ķ	ķilava	[tʲ/tʃʲ]	between soft [t] and [k], like tune
L l	labība	[l]	lace, people
Ļ ļ	ļaudis	[ʎ]	daily, million
M m	magone	[m]	magic, milk
N n	nauda	[n]	name, normal
Ņ ņ	ņaudēt	[ɲ]	canyon, new
P p	pakavs	[p]	pencil, private
R r	ragana	[r]	rice, radio

Letter	Latvian example	T&P phonetic alphabet	English example
S s	sadarbība	[s]	city, boss
Š š	šausmas	[ʃ]	machine, shark
T t	tabula	[t]	tourist, trip
V v	vabole	[v]	very, river
Z z	zaglis	[z]	zebra, please
Ž ž	žagata	[ʒ]	forge, pleasure

Comments

* Letters **Qq, Ww, Xx, Yy** used in foreign loanwords only
** Standard Latvian and all of the Latvian dialects have fixed initial stress (with a few minor exceptions).

LIST OF ABBREVIATIONS

English abbreviations

ab.	-	about
adj	-	adjective
adv	-	adverb
anim.	-	animate
as adj	-	attributive noun used as adjective
e.g.	-	for example
etc.	-	et cetera
fam.	-	familiar
fem.	-	feminine
form.	-	formal
inanim.	-	inanimate
masc.	-	masculine
math	-	mathematics
mil.	-	military
n	-	noun
pl	-	plural
pron.	-	pronoun
sb	-	somebody
sing.	-	singular
sth	-	something
v aux	-	auxiliary verb
vi	-	intransitive verb
vi, vt	-	intransitive, transitive verb
vt	-	transitive verb

Latvian abbreviations

s	-	feminine noun
s dsk	-	feminine plural
s, v	-	masculine, feminine
v	-	masculine noun
v dsk	-	masculine plural

T&P BOOKS

LATVIAN
PHRASEBOOK

This section contains
important phrases that may
come in handy in various
real-life situations.
The phrasebook will help
you ask for directions, clarify
a price, buy tickets, and
order food at a restaurant

T&P Books Publishing

PHRASEBOOK
CONTENTS

T&P Books Publishing

The bare minimum

Excuse me, ...	**Atvainojiet, ...** [atvainɔjiɛt, ...]
Hello.	**Sveicināti.** [svɛitsina:ti.]
Thank you.	**Paldies.** [paldiɛs.]
Good bye.	**Uz redzēšanos.** [uz redze:ʃanɔs.]
Yes.	**Jā.** [ja:.]
No.	**Nē.** [ne:.]
I don't know.	**Es nezinu.** [es nezinu.]
Where?	Where to?	When?	**Kur?	Uz kurieni?	Kad?** [kur?	uz kuriɛni?	kad?]

I need ...	**Man vajag ...** [man vajag ...]
I want ...	**Es gribu ...** [es gribu ...]
Do you have ...?	**Vai jums ir ...?** [vai jums ir ...?]
Is there a ... here?	**Vai šeit ir ...?** [vai ʃɛit ir ...?]
May I ...?	**Vai drīkstu ...?** [vai dri:kstu ...?]
..., please (polite request)	**Lūdzu, ...** [lu:dzu, ...]

I'm looking for ...	**Es meklēju ...** [es mekle:ju ...]
restroom	**tualeti** [tualeti]
ATM	**bankomātu** [bankɔma:tu]
pharmacy (drugstore)	**aptieku** [aptiɛku]
hospital	**slimnīcu** [slimni:tsu]
police station	**policijas iecirkni** [pɔlitsi:jas iɛtsirkni]
subway	**metro** [metrɔ]

taxi	**taksometru** [taksɔmetru]
train station	**dzelzceļa staciju** [dzelztsɛl'a statsiju]

My name is ...	**Mani sauc ...** [mani sauts ...]
What's your name?	**Kā jūs sauc?** [ka: ju:s sauts?]
Could you please help me?	**Lūdzu, palīdziet.** [lu:dzu, pali:dziɛt.]
I've got a problem.	**Man ir problēma.** [man ir prɔblɛ:ma.]
I don't feel well.	**Man ir slikti.** [man ir slikti.]
Call an ambulance!	**Izsauciet ātro palīdzību!** [izsautsiɛt a:trɔ pali:dzi:bu!]
May I make a call?	**Vai drīkstu piezvanīt?** [vai dri:kstu piɛzvani:t?]

I'm sorry.	**Atvainojos.** [atvainɔjɔs.]
You're welcome.	**Lūdzu.** [lu:dzu.]

I, me	**es** [es]
you (inform.)	**tu** [tu]
he	**viņš** [viɲʃ]
she	**viņa** [viɲa]
they (masc.)	**viņi** [viɲi]
they (fem.)	**viņas** [viɲas]
we	**mēs** [me:s]
you (pl)	**jūs** [ju:s]
you (sg, form.)	**Jūs** [ju:s]

ENTRANCE	**IEEJA** [iɛeja]
EXIT	**IZEJA** [izeja]
OUT OF ORDER	**NESTRĀDĀ** [nestra:da:]
CLOSED	**SLĒGTS** [sle:gts]

OPEN	**ATVĒRTS** [atveːrts]
FOR WOMEN	**SIEVIETĒM** [siɛviɛteːm]
FOR MEN	**VĪRIEŠIEM** [viːriɛʃiɛm]

Questions

Where?	**Kur?**
	[kur?]
Where to?	**Uz kurieni?**
	[uz kuriɛni?]
Where from?	**No kurienes?**
	[nɔ kuriɛnes?]
Why?	**Kāpēc?**
	[ka:pe:ts?]
For what reason?	**Kādēļ?**
	[ka:de:lʲ?]
When?	**Kad?**
	[kad?]

How long?	**Cik ilgi?**
	[tsik ilgi?]
At what time?	**Cikos?**
	[tsikɔs?]
How much?	**Cik maksā?**
	[tsik maksa:?]
Do you have ...?	**Vai jums ir ...?**
	[vai jums ir ...?]
Where is ...?	**Kur atrodas ...?**
	[kur atrɔdas ...?]

What time is it?	**Cik pulkstens?**
	[tsik pulkstens?]
May I make a call?	**Vai drīkstu piezvanīt?**
	[vai dri:kstu piɛzvani:t?]
Who's there?	**Kas tur ir?**
	[kas tur ir?]
Can I smoke here?	**Vai te drīkst smēķēt?**
	[vai te dri:kst smɛ:tʲe:t?]
May I ...?	**Vai drīkstu ...?**
	[vai dri:kstu ...?]

Needs

I'd like ...	**Es gribētu ...**
	[es gribɛ:tu ...]
I don't want ...	**Es negribu ...**
	[es negribu ...]
I'm thirsty.	**Man slāpst.**
	[man sla:pst.]
I want to sleep.	**Es gribu gulēt.**
	[es gribu gule:t.]

I want ...	**Es gribu ...**
	[es gribu ...]
to wash up	**nomazgāties**
	[nɔmazga:tiɛs]
to brush my teeth	**iztīrīt zobus**
	[izti:ri:t zɔbus]
to rest a while	**nedaudz atpūsties**
	[nɛdaudz atpu:stiɛs]
to change my clothes	**pārģērbties**
	[pa:rdʲe:rbtiɛs]

to go back to the hotel	**atgriezties viesnīcā**
	[atgriɛzties viɛsni:tsa:]
to buy ...	**nopirkt ...**
	[nɔpirkt ...]
to go to ...	**doties uz ...**
	[dɔties uz ...]
to visit ...	**apmeklēt ...**
	[apmekle:t ...]
to meet with ...	**satikties ar ...**
	[satikties ar ...]
to make a call	**piezvanīt**
	[piɛzvani:t]

I'm tired.	**Es esmu noguris /nogurusi/.**
	[es esmu nɔguris /nɔgurusi/.]
We are tired.	**Mēs esam noguruši /nogurušas/.**
	[me:s ɛsam nɔguruʃi /nɔguruʃas/.]
I'm cold.	**Man ir auksti.**
	[man ir auksti.]
I'm hot.	**Man ir karsti.**
	[man ir karsti.]
I'm OK.	**Man viss kārtībā.**
	[man vis ka:rti:ba:.]

I need to make a call.

Man jāpiezvana.
[man ja:piɛzvana.]

I need to go to the restroom.

Man vajag uz tualeti.
[man vajag uz tualeti.]

I have to go.

Man laiks doties.
[man laiks dotiɛs.]

I have to go now.

Man jāiet.
[man ja:iɛt.]

Asking for directions

Excuse me, ...	**Atvainojiet, ...** [atvainɔjiɛt, ...]
Where is ...?	**Kur atrodas ...?** [kur atrɔdas ...?]
Which way is ...?	**Kurā virzienā ir ...?** [kura: virziɛna: ir ...?]
Could you help me, please?	**Lūdzu, palīdziet.** [lu:dzu, pali:dziɛt.]

I'm looking for ...	**Es meklēju ...** [es mekle:ju ...]
I'm looking for the exit.	**Es meklēju izeju.** [es mekle:ju izeju.]

I'm going to ...	**Es dodos uz ...** [es dɔdɔs uz ...]
Am I going the right way to ...?	**Vai eju pareizā virzienā ...?** [vai eju parɛiza: virziɛna: ...?]

Is it far?	**Vai tas ir tālu?** [vai tas ir ta:lu?]
Can I get there on foot?	**Vai es aiziešu ar kājām?** [vai es aiziɛʃu ar ka:ja:m?]

Can you show me on the map?	**Lūdzu, parādiet to uz kartes?** [lu:dzu, para:diɛt tɔ uz kartes?]
Show me where we are right now.	**Parādiet, kur mēs tagad atrodamies?** [para:diɛt, kur me:s tagad atrɔdamiɛs?]

Here	**Šeit** [ʃɛit]
There	**Tur** [tur]
This way	**Šurp** [ʃurp]

Turn right.	**Griezieties pa labi.** [griɛziɛties pa labi.]
Turn left.	**Griezieties pa kreisi.** [griɛziɛties pa krɛisi.]
first (second, third) turn	**pirmais (otrais, trešais) pagrieziens** [pirmais pagriɛziɛns]

to the right

pa labi
[pa labi]

to the left

pa kreisi
[pa krɛisi]

Go straight ahead.

Ejiet taisni uz priekšu.
[ejiɛt taisni uz priɛkʃu.]

Signs

WELCOME!	**LAIPNI LŪGTI!** [laipni lu:gti!]
ENTRANCE	**IEEJA** [iɛeja]
EXIT	**IZEJA** [izeja]

PUSH	**GRŪST** [gru:st]
PULL	**VILKT** [vilkt]
OPEN	**ATVĒRTS** [atve:rts]
CLOSED	**AIZVĒRTS** [sle:gts]

FOR WOMEN	**SIEVIETĒM** [siɛviɛte:m]
FOR MEN	**VĪRIEŠIEM** [vi:riɛʃiɛm]
GENTLEMEN, GENTS (m)	**VĪRIEŠU TUALETE** [vi:riɛʃu tualɛte]
WOMEN (f)	**SIEVIEŠU TUALETE** [siɛviɛʃu tualɛte]

DISCOUNTS	**ATLAIDES** [atlaides]
SALE	**IZPĀRDOŠANA** [izpa:rdɔʃana]
FREE	**BEZ MAKSAS** [bezmaksas]
NEW!	**JAUNUMS!** [jaunums!]
ATTENTION!	**UZMANĪBU!** [uzmani:bu!]

NO VACANCIES	**BRĪVU VIETU NAV** [bri:vu viɛtu nav]
RESERVED	**REZERVĒTS** [rɛzerve:ts]
ADMINISTRATION	**ADMINISTRĀCIJA** [administra:tsija]
STAFF ONLY	**TIKAI DARBINIEKIEM** [tikai pɛrsɔna:lam]

BEWARE OF THE DOG!	**NIKNS SUNS!** [nikns suns]
NO SMOKING!	**SMĒĶĒT AIZLIEGTS!** [smɛ:ťe:t aizliɛgts!]
DO NOT TOUCH!	**AR ROKĀM NEAIZTIKT!** [ar rɔka:m neaiztikt!]
DANGEROUS	**BĪSTAMI!** [bi:stami]
DANGER	**BĪSTAMS!** [bi:stams]
HIGH VOLTAGE	**AUGSTSPRIEGUMS!** [augstspriɛgums]
NO SWIMMING!	**PELDĒT AIZLIEGTS!** [pelde:t aizliɛgts!]

OUT OF ORDER	**NESTRĀDĀ** [nestra:da:]
FLAMMABLE	**UGUNSNEDROŠS** [ugunsnedrɔʃs]
FORBIDDEN	**AIZLIEGTS** [aizliɛgts]
NO TRESPASSING!	**IEBRAUKT AIZLIEGTS!** [iɛiɛja aizliɛgta]
WET PAINT	**SVAIGI KRĀSOTS** [svaigi kra:sɔts]

CLOSED FOR RENOVATIONS	**UZ REMONTA LAIKU SLĒGTS** [uz remɔnta laiku sle:gts]
WORKS AHEAD	**UZ CEĻA STRĀDĀ** [uz tsɛľa stra:da:]
DETOUR	**APVEDCEĻŠ** [apvedtseľʃ]

Transportation. General phrases

plane	**lidmašīna** [lidmaʃiːna]
train	**vilciens** [viltsiɛns]
bus	**autobuss** [autobus]
ferry	**prāmis** [praːmis]
taxi	**taksometrs** [taksɔmetrs]
car	**automašīna** [maʃiːna]

schedule	**saraksts** [saraksts]
Where can I see the schedule?	**Kur var apskatīt sarakstu?** [kur var apskatiːt sarakstu?]
workdays (weekdays)	**darba dienas** [darba diɛnas]
weekends	**nedēļas nogales** [nɛdɛːɫas nɔgales]
holidays	**svētku dienas** [sveːtku diɛnas]

DEPARTURE	**IZLIDOŠANA** [izlidoʃana]
ARRIVAL	**IELIDOŠANA** [iɛlidoʃana]
DELAYED	**KAVĒJAS** [kaveːjas]
CANCELLED	**ATCELTS** [attselts]

next (train, etc.)	**nākamais** [naːkamais]
first	**pirmais** [pirmais]
last	**pēdējais** [pɛːdeːjais]

When is the next ...?	**Kad būs nākošais ...?** [kad buːs naːkoʃais ...?]
When is the first ...?	**Kad pienāk pirmais ...?** [kad piɛnaːk pirmais ...?]

When is the last ...?

Kad atiet pēdējais ...?
[kad atiɛt pɛːdeːjais ...?]

transfer (change of trains, etc.)

pārsēšanās
[paːrseːʃanaːs]

to make a transfer

pārsēsties
[paːrseːstiɛs]

Do I need to make a transfer?

Vai man ir jāpārsēžas?
[vai man ir jaːpaːrseːʒas?]

Buying tickets

Where can I buy tickets? | **Kur es varu nopirkt biļetes?**
[kur es varu nɔpirkt bilʲɛtes?]

ticket | **biļete**
[bilʲɛte]

to buy a ticket | **nopirkt biļeti**
[nɔpirkt bilʲeti]

ticket price | **biļetes cena**
[bilʲɛtes tsɛna]

Where to? | **Uz kurieni?**
[uz kuriɛni?]

To what station? | **Līdz kurai stacijai?**
[liːdz kurai statsijai?]

I need ... | **Man vajag ...**
[man vajag ...]

one ticket | **vienu biļeti**
[viɛnu bilʲeti]

two tickets | **divas biļetes**
[divas bilʲɛtes]

three tickets | **trīs biļetes**
[triːs bilʲɛtes]

one-way | **vienā virzienā**
[viɛnaː virziɛnaː]

round-trip | **turp un atpakaļ**
[turp un atpakalʲ]

first class | **pirmā klase**
[pirmaː klase]

second class | **otrā klase**
[ɔtraː klase]

today | **šodien**
[ʃɔdiɛn]

tomorrow | **rīt**
[riːt]

the day after tomorrow | **parīt**
[pariːt]

in the morning | **no rīta**
[nɔ riːta]

in the afternoon | **pēcpusdienā**
[peːtspusdiɛnaː]

in the evening | **vakarā**
[vakaraː]

aisle seat

ejas sēdvieta
[ejas se:dvieta]

window seat

sēdvieta pie loga
[se:dvieta pie loga]

How much?

Cik maksā?
[tsik maksa:?]

Can I pay by credit card?

Vai varu samkasāt ar karti?
[vai varu samkasa:t ar karti?]

Bus

bus	**autobuss**
	[autɔbus]
intercity bus	**starppilsētu autobuss**
	[starppilsɛ:tu autɔbus]
bus stop	**autobusa pietura**
	[autɔbusa piɛtura]
Where's the nearest bus stop?	**Kur ir tuvākā autobusa pietura?**
	[kur ir tuva:ka: autɔbusa piɛtura?]

number (bus ~, etc.)	**numurs**
	[numurs]
Which bus do I take to get to …?	**Kurš autobus brauc līdz …?**
	[kurʃ autɔbus brauts li:dz …?]
Does this bus go to …?	**Vai šis autobus brauc līdz …?**
	[vai ʃis autɔbus brauts li:dz …?]
How frequent are the buses?	**Cik bieži kursē autobusi?**
	[tsik biɛʒi kurse: autɔbusi?]

every 15 minutes	**katras piecpadsmit minūtes**
	[katras piɛtspadsmit minu:tes]
every half hour	**katru pusstundu**
	[katru pustundu]
every hour	**katru stundu**
	[katru stundu]
several times a day	**vairākas reizes dienā**
	[vaira:kas rɛizes diɛna:]
… times a day	**… reizes dienā**
	[… rɛizes diɛna:]

schedule	**saraksts**
	[saraksts]
Where can I see the schedule?	**Kur var apskatīt sarakstu?**
	[kur var apskati:t sarakstu?]
When is the next bus?	**Kad būs nākošais autobuss?**
	[kad bu:s na:kɔʃais autɔbus?]
When is the first bus?	**Kad pienāk pirmais autobuss?**
	[kad piɛna:k pirmais autɔbus?]
When is the last bus?	**Kad atiet pēdējais autobuss?**
	[kad atiɛt pɛ:de:jais autɔbus?]

stop	**pietura**
	[piɛtura]
next stop	**nākošā pietura**
	[na:kama: piɛtura]

last stop (terminus)

gala pietura
[gala piɛtura]

Stop here, please.

Lūdzu, pieturiet šeit.
[lu:dzu, piɛturiɛt ʃɛit.]

Excuse me, this is my stop.

Atvainojiet, šī ir mana pietura.
[atvainɔjiɛt, ʃi: ir mana piɛtura.]

Train

train	**vilciens** [viltsiɛns]
suburban train	**priekšpilsētas vilciens** [priɛkʃpilsɛ:tas viltsiɛns]
long-distance train	**tālsatiksmes vilciens** [ta:lsatiksmes viltsiɛns]
train station	**dzelzceļa stacija** [dzelztsɛlʲa statsija]
Excuse me, where is the exit to the platform?	**Atvainojiet, kur ir izeja uz peronu?** [atvainɔjiɛt, kur ir izeja uz perɔnu?]
Does this train go to …?	**Vai šis vilciens dodas uz …?** [vai ʃis viltsiɛns dɔdas uz …?]
next train	**nākošais vilciens** [na:kɔʃais viltsiɛns]
When is the next train?	**Kad pienāks nākošais vilciens?** [kad piɛna:ks na:kɔʃais viltsiɛns?]
Where can I see the schedule?	**Kur var apskatīt sarakstu?** [kur var apskati:t sarakstu?]
From which platform?	**No kura perona?** [nɔ kura perɔna?]
When does the train arrive in …?	**Kad vilciens pienāk …?** [kad viltsiɛns piɛna:k …?]
Please help me.	**Lūdzu, palīdziet.** [lu:dzu, pali:dziɛt.]
I'm looking for my seat.	**Es meklēju savu vietu.** [es mekle:ju savu viɛtu.]
We're looking for our seats.	**Mēs meklējam savas vietas.** [me:s mekle:jam savas viɛtas.]
My seat is taken.	**Mana vieta ir aizņemta.** [mana viɛta ir aizɳemta.]
Our seats are taken.	**Mūsu vietas ir aizņemtas.** [mu:su viɛtas ir aizɳemtas.]
I'm sorry but this is my seat.	**Atvainojiet, bet šī ir mana vieta.** [atvainɔjiɛt, bet ʃi: ir mana viɛta.]
Is this seat taken?	**Vai šī vieta ir aizņemta?** [vai ʃi: viɛta ir aizɳemta?]
May I sit here?	**Vai drīkstu šeit apsēsties?** [vai dri:kstu ʃɛit apse:stiɛs?]

On the train. Dialogue (No ticket)

Ticket, please.	**Jūsu biļeti, lūdzu.** [ju:su biļeti, lu:dzu.]
I don't have a ticket.	**Man nav biļetes.** [man nav biļɛtes.]
I lost my ticket.	**Es pazaudēju savu biļeti.** [es pazaude:ju savu biļeti.]
I forgot my ticket at home.	**Es aizmirsu savu biļeti mājās.** [es aizmirsu savu biļeti ma:ja:s.]

You can buy a ticket from me.	**Jūs varat nopirkt biļeti pie manis.** [ju:s varat nɔpirkt biļeti piɛ manis.]
You will also have to pay a fine.	**Jums būs jāsamaksā arī soda nauda.** [jums bu:s ja:samaksa: ari: sɔda nauda.]
Okay.	**Labi.** [labi.]
Where are you going?	**Uz kurieni jūs brauciet?** [uz kuriɛni ju:s brautsiɛt?]
I'm going to …	**Es braucu līdz …** [es brautsu li:dz …]

How much? I don't understand.	**Cik? Es nesaprotu.** [tsik? es nɛsaprotu.]
Write it down, please.	**Lūdzu, uzrakstiet to.** [lu:dzu, uzrakstiɛt tɔ.]
Okay. Can I pay with a credit card?	**Labi. Vai es varu samaksāt ar karti?** [labi. vai es varu samaksa:t ar karti?]
Yes, you can.	**Jā, variet.** [ja:, variɛt.]

Here's your receipt.	**Lūdzu, jūsu kvīts.** [lu:dzu, ju:su kvi:ts.]
Sorry about the fine.	**Atvainojiet par naudas sodu.** [atvainɔjiɛt par naudas sɔdu.]
That's okay. It was my fault.	**Tas nekas. Tā bija mana vaina.** [tas nɛkas. ta: bija mana vaina.]
Enjoy your trip.	**Patīkamu braucienu.** [pati:kamu brautsiɛnu.]

Taxi

taxi	**taksometrs** [taksɔmetrs]
taxi driver	**taksometra vadītājs** [taksɔmetra vadiːtaːjs]
to catch a taxi	**noķert taksometru** [nɔtʲert taksɔmetru]
taxi stand	**taksometra pietura** [taksɔmetra piɛtura]
Where can I get a taxi?	**Kur es varu dabūt taksometru?** [kur es varu dabuːt taksɔmetru?]

to call a taxi	**izsaukt taksometru** [izsaukt taksɔmetru]
I need a taxi.	**Man vajag taksometru.** [man vajag taksɔmetru.]
Right now.	**Tieši tagad.** [tiɛʃi tagad.]
What is your address (location)?	**Jūsu adrese?** [juːsu adrɛse?]
My address is …	**Mana adrese ir …** [mana adrɛse ir …]
Your destination?	**Uz kurieni jūs brauksiet?** [uz kuriɛni juːs brauksiɛt?]

Excuse me, …	**Atvainojiet, …** [atvainɔjiɛt, …]
Are you available?	**Vai jūs esat brīvs?** [vai juːs ɛsat briːvs?]
How much is it to get to …?	**Cik maksā aizbraukt līdz …?** [tsik maksaː aizbraukt liːdz …?]
Do you know where it is?	**Vai jūs zināt, kur tas atrodas?** [vai juːs zinaːt, kur tas atrɔdas?]
Airport, please.	**Līdz lidosta, lūdzu.** [liːdz lidɔsta, luːdzu.]
Stop here, please.	**Apturiet šeit, lūdzu.** [apturiɛt ʃeit, luːdzu.]
It's not here.	**Tas nav šeit.** [tas nav ʃeit.]
This is the wrong address.	**Šī nav pareizā adrese.** [ʃiː nav parɛiza adrɛse.]
Turn left.	**Tagad pa kreisi.** [tagad pa krɛisi.]
Turn right.	**Tagad pa labi.** [tagad pa labi.]

How much do I owe you?

Cik esmu jums parādā?
[tsik esmu jums para:da:?]

I'd like a receipt, please.

Es vēlētos čeku, lūdzu.
[es vɛ:le:tɔs tʃɛku, lu:dzu.]

Keep the change.

Paturiet atlikumu.
[paturiɛt atlikumu.]

Would you please wait for me?

Uzgaidiet, lūdzu.
[uzgaidiɛt, lu:dzu.]

five minutes

piecas minūtes
[piɛtsas minu:tes]

ten minutes

desmit minūtes
[desmit minu:tes]

fifteen minutes

piecpadsmit minūtes
[piɛtspadsmit minu:tes]

twenty minutes

divdesmit minūtes
[divdesmit minu:tes]

half an hour

pusstundu
[pustundu]

Hotel

Hello.	**Sveicināti.** [svɛitsina:ti.]
My name is ...	**Mani sauc ...** [mani sauts ...]
I have a reservation.	**Man ir rezervēts numurs.** [man ir rɛzerve:ts numurs.]
I need ...	**Man vajag ...** [man vajag ...]
a single room	**vienvietīgu numuru** [viɛnviɛti:gu numuru]
a double room	**divvietīgu numuru** [divviɛti:gu numuru]
How much is that?	**Cik tas maksā?** [tsik tas maksa:?]
That's a bit expensive.	**Tas ir nedaudz par dārgu.** [tas ir nɛdaudz par da:rgu.]
Do you have anything else?	**Vai jums ir vēl kaut kas?** [vai jums ir ve:l kaut kas?]
I'll take it.	**Es to ņemšu.** [es tɔ ɲemʃu.]
I'll pay in cash.	**Es maksāšu skaidrā naudā.** [es maksa:ʃu skaidra: nauda:.]
I've got a problem.	**Man ir problēma.** [man ir prɔblɛ:ma.]
My ... is broken.	**Mans /mana/ ... ir saplīsis /saplīsusi/.** [mans /mana/ ... ir sapli:sis /sapli:susi/.]
My ... is out of order.	**Mans /mana/ ... nestrādā.** [mans /mana/ ... nestra:da:.]
TV	**televīzors** [tɛlevi:zɔrs]
air conditioner	**gaisa kondicionieris** [gaisa kɔnditsiɔniɛris]
tap	**krāns** [kra:ns]
shower	**duša** [duʃa]
sink	**izlietne** [izliɛtne]
safe	**seifs** [sɛifs]

door lock	**slēdzene** [sle:dzɛne]
electrical outlet	**rozete** [rɔzɛte]
hairdryer	**fēns** [fe:ns]

I don't have ...	**Man nav ...** [man nav ...]
water	**ūdens** [u:dens]
light	**gaismas** [gaismas]
electricity	**elektrības** [ɛlektri:bas]

Can you give me ...?	**Vai variet man iedot ...?** [vai variɛt man iɛdɔt ...?]
a towel	**dvieli** [dviɛli]
a blanket	**segu** [sɛgu]
slippers	**čības** [tʃi:bas]
a robe	**halātu** [xala:tu]
shampoo	**šampūnu** [ʃampu:nu]
soap	**ziepes** [ziɛpes]

I'd like to change rooms.	**Es vēlos mainīt numuru.** [es ve:lɔs maini:t numuru.]
I can't find my key.	**Es nevaru atrast savas atslēgas.** [es nɛvaru atrast savas atslɛ:gas.]
Could you open my room, please?	**Vai variet atvērt manu numuru, lūdzu.** [vai variɛt atve:rt manu numuru, lu:dzu.]
Who's there?	**Kas tur ir?** [kas tur ir?]
Come in!	**Ienāciet!** [iɛna:tsiɛt!]
Just a minute!	**Vienu minūti!** [viɛnu minu:ti!]
Not right now, please.	**Lūdzu, ne tagad.** [lu:dzu, ne tagad.]

Come to my room, please.	**Ienāciet pie manis, lūdzu.** [iɛna:tsiɛt piɛ manis, lu:dzu.]
I'd like to order food service.	**Es vēlos pasūtīt ēdienu numurā.** [es ve:lɔs pasu:ti:t e:diɛnu numura:.]
My room number is ...	**Mans istabas numurs ir ...** [mans istabas numurs ir ...]

I'm leaving …	**Es aizbraucu …** [es aizbrautsu …]
We're leaving …	**Mēs aizbraucam …** [me:s aizbrautsam …]
right now	**tagad** [tagad]
this afternoon	**šo pēcpusdien** [ʃɔ pe:tspusdiɛn]
tonight	**šovakar** [ʃɔvakar]
tomorrow	**rīt** [ri:t]
tomorrow morning	**rīt no rīta** [ri:t nɔ ri:ta]
tomorrow evening	**rītvakar** [ri:tvakar]
the day after tomorrow	**parīt** [pari:t]

I'd like to pay.	**Es vēlos norēķināties.** [es ve:lɔs nɔre:tʲina:tiɛs.]
Everything was wonderful.	**Viss bija lieliski.** [vis bija liɛliski.]
Where can I get a taxi?	**Kur es varu dabūt taksometru?** [kur es varu dabu:t taksɔmetru?]
Would you call a taxi for me, please?	**Lūdzu, izsauciet man man taksometru?** [lu:dzu, izsautsiɛt man man taksɔmetru?]

Restaurant

Can I look at the menu, please?	**Vai varu apskatīt ēdienkarti?** [vai varu apskati:t e:dienkarti?]
Table for one.	**Galdiņu vienam.** [galdiɲu viɛnam.]
There are two (three, four) of us.	**Mēs esam divi (trīs, četri)** [me:s ɛsam divi]

Smoking	**Smēķētājiem** [smɛ:tʲɛ:ta:jiɛm]
No smoking	**Nesmēķētājiem** [nesmɛ:tʲɛ:ta:jiɛm]
Excuse me! (addressing a waiter)	**Atvainojiet!** [atvainojiɛt!]
menu	**ēdienkarte** [e:diɛnkarte]
wine list	**vīna karte** [vi:na karte]
The menu, please.	**Ēdienkarti, lūdzu.** [e:diɛnkarti, lu:dzu.]

Are you ready to order?	**Vai esat gatavi pasūtīt?** [vai ɛsat gatavi pasu:ti:t?]
What will you have?	**Ko pasūtīsiet?** [kɔ pasu:ti:siɛt?]
I'll have ...	**Man ...** [man ...]

I'm a vegetarian.	**Es esmu veģetārietis /veģetāriete/ ...** [es esmu vɛdʲɛta:riɛtis /vɛdʲɛta:riɛte/ ...]
meat	**gaļa** [galʲa]
fish	**zivs** [zivs]
vegetables	**dārzeņi** [da:rzeɲi]
Do you have vegetarian dishes?	**Vai jums ir veģetārie ēdieni?** [vai jums ir vɛdʲɛta:riɛ e:diɛni?]
I don't eat pork.	**Es neēdu cūkgaļu.** [es neɛ:du tsu:kgalʲu.]
He /she/ doesn't eat meat.	**Viņš /viņa/ neēd gaļu.** [viɲʃ /viɲa/ nee:d galʲu.]
I am allergic to ...	**Man ir alerģija pret ...** [man ir alerdʲija pret ...]

Would you please bring me ... | **Vai, atnesīsiet man ..., lūdzu?**
[vai, atnesi:siɛt man ..., lu:dzu?]

salt | pepper | sugar | **sāls | pipari | cukurs**
[sa:ls | pipari | tsukurs]

coffee | tea | dessert | **kafija | tēja | deserts**
[kafija | te:ja | dɛserts]

water | sparkling | plain | **ūdens | gāzēts | negāzēts**
[u:dens | ga:ze:ts | nɛga:ze:ts]

a spoon | fork | knife | **karote | dakša | nazis**
[karɔte | dakʃa | nazis]

a plate | napkin | **šķīvis | salvete**
[ʃc'i:vis | salvɛte]

Enjoy your meal! | **Labu apetīti!**
[labu apeti:ti!]

One more, please. | **Atnesiet vēl, lūdzu.**
[atnesiɛt ve:l, lu:dzu.]

It was very delicious. | **Bija ļoti garšīgi.**
[bija lʲɔti garʃi:gi.]

---

check | change | tip | **čeks | atlikums | dzeramnauda**
[re:tʲins | atlikums | dzɛramnauda]

Check, please.
(Could I have the check, please?) | **Rēķinu, lūdzu.**
[re:tʲinu, lu:dzu.]

Can I pay by credit card? | **Vai varu samaksāt ar karti?**
[vai varu samaksa:t ar karti?]

I'm sorry, there's a mistake here. | **Atvainojiet, šeit ir kļūda.**
[atvainɔjiɛt, ʃɛit ir klʲu:da.]

Shopping

Can I help you?	**Kā es varu jums palīdzēt?** [ka: es varu jums pali:dze:t?]
Do you have ...?	**Vai jums ir ...?** [vai jums ir ...?]
I'm looking for ...	**Es meklēju ...** [es mekle:ju ...]
I need ...	**Man vajag ...** [man vajag ...]
I'm just looking.	**Es tikai skatos.** [es tikai skatɔs.]
We're just looking.	**Mēs tikai skatāmies.** [me:s tikai skata:miɛs.]
I'll come back later.	**Es ienākšu vēlāk.** [es iɛna:kʃu vɛ:la:k.]
We'll come back later.	**Mēs ienāksim vēlāk.** [me:s iɛna:ksim vɛ:la:k.]
discounts | sale	**atlaides | izpārdošana** [atlaides | izpa:rdɔʃana]
Would you please show me ...	**Vai parādīsiet man, lūdzu, ...** [vai para:di:siɛt man, lu:dzu, ...]
Would you please give me ...	**Vai iedosiet man, lūdzu, ...** [vai iɛdɔsiɛt man, lu:dzu, ...]
Can I try it on?	**Vai drīkstu pielaikot?** [vai dri:kstu piɛlaikɔt?]
Excuse me, where's the fitting room?	**Atvainojiet, kur ir pielaikošanas kabīne?** [atvainɔjiɛt, kur ir piɛlaikɔʃanas kabi:ne?]
Which color would you like?	**Kādu krāsu vēlaties?** [ka:du kra:su vɛ:latiɛs?]
size | length	**izmērs | augums** [izmɛ:rs | augums]
How does it fit?	**Vai der?** [vai der?]
How much is it?	**Cik tas maksā?** [tsik tas maksa:?]
That's too expensive.	**Tas ir par dārgu.** [tas ir par da:rgu.]
I'll take it.	**Es to ņemšu.** [es tɔ ɲemʃu.]

Excuse me, where do I pay?

Atvainojiet, kur es varu samaksāt?
[atvainɔjiɛt, kur es varu samaksa:t?]

Will you pay in cash or credit card?

**Vai maksāsiet skaidrā naudā
vai ar karti?**
[vai maksa:siɛt skaidra: nauda:
vai ar karti?]

In cash | with credit card

Skaidrā naudā | ar karti
[skaidra: nauda: | ar karti]

Do you want the receipt?

Vai jums vajag čeku?
[vai jums vajag tʃɛku?]

Yes, please.

Jā, lūdzu.
[ja:, lu:dzu.]

No, it's OK.

Nē, paldies.
[ne:, paldiɛs.]

Thank you. Have a nice day!

Paldies. Visu labu!
[paldiɛs. visu labu!]

In town

Excuse me, please.	**Atvainojiet, lūdzu ...** [atvainɔjiɛt, lu:dzu ...]
I'm looking for ...	**Es meklēju ...** [es mekle:ju ...]

the subway	**metro** [metrɔ]
my hotel	**savu viesnīcu** [savu viɛsni:tsu]
the movie theater	**kinoteātri** [kinɔtea:tri]
a taxi stand	**taksometra pieturu** [taksɔmetra piɛturu]

an ATM	**bankomātu** [bankɔma:tu]
a foreign exchange office	**valūtas maiņas punktu** [valu:tas maiņas punktu]
an internet café	**interneta kafejnīcu** [internɛta kafejni:tsu]
... street	**... ielu** [... iɛlu]
this place	**šo vietu** [ʃɔ viɛtu]

Do you know where ... is?	**Vai jūs ziniet, kur atrodas ...?** [vai ju:s ziniɛt, kur atrɔdas ...?]
Which street is this?	**Kā sauc šo ielu?** [ka: sauts ʃɔ iɛlu?]

Show me where we are right now.	**Parādiet, kur mēs tagad atrodamies?** [para:diɛt, kur me:s tagad atrɔdamiɛs?]
Can I get there on foot?	**Vai es aiziešu ar kājām?** [vai es aiziɛʃu ar ka:ja:m?]
Do you have a map of the city?	**Vai jums ir šīs pilsētas karte?** [vai jums ir ʃi:s pilsɛ:tas karte?]

How much is a ticket to get in?	**Cik maksā ieejas biļete?** [tsik maksa: iɛejas biļɛte?]
Can I take pictures here?	**Vai šeit drīkst fotografēt?** [vai ʃɛit dri:kst fotɔgrafe:t?]
Are you open?	**Vai esat atvērti?** [vai ɛsat atve:rti?]

When do you open?

Cikos jūs atverieties?
[tsikɔs juːs atveriɛtiɛs?]

When do you close?

Līdz cikiem jūs strādājiet?
[liːdz tsikiɛm juːs straːdaːjiɛt?]

Money

money	**nauda** [nauda]
cash	**skaidra nauda** [skaidra nauda]
paper money	**papīra nauda** [papi:ra nauda]
loose change	**sīknauda** [si:knauda]
check | change | tip	**čeks | atlikums | dzeramnauda** [re:tʲins | atlikums | dzɛramnauda]
credit card	**kredītkarte** [kredi:tkarte]
wallet	**maks** [maku]
to buy	**pirkt** [pirkt]
to pay	**maksāt** [maksa:t]
fine	**sods** [sɔds]
free	**bez maksas** [bez maksas]
Where can I buy ...?	**Kur es varu nopirkt ...?** [kur es varu nɔpirkt ...?]
Is the bank open now?	**Vai tagad banka ir atvērta?** [vai tagad banka ir atve:rta?]
When does it open?	**No cikiem tā ir atvērta?** [nɔ tsikiɛm ta: ir atve:rta?]
When does it close?	**Līdz cikiem tā strādā?** [li:dz tsikiɛm ta: stra:da:?]
How much?	**Cik maksā?** [tsik maksa:?]
How much is this?	**Cik tas maksā?** [tsik tas maksa:?]
That's too expensive.	**Tas ir par dārgu.** [tas ir par da:rgu.]
Excuse me, where do I pay?	**Atvainojiet, kur es varu samaksāt?** [atvainɔjiɛt, kur es varu samaksa:t?]
Check, please.	**Rēķinu, lūdzu.** [re:tʲinu, lu:dzu.]

Can I pay by credit card?

Vai varu samaksāt ar karti?
[vai varu samaksa:t ar karti?]

Is there an ATM here?

Vai šeit ir bankomāts?
[vai ʃɛit ir bankɔma:ts?]

I'm looking for an ATM.

Es meklēju bankomātu.
[es mekle:ju bankɔma:tu.]

I'm looking for a foreign exchange office.

Es meklēju valūtas maiņas punktu.
[es mekle:ju valu:tas maiɲas punktu.]

I'd like to change ...

Es vēlos samainīt ...
[es ve:lɔs samaini:t ...]

What is the exchange rate?

Kāds ir valūtas kurss?
[ka:ds ir valu:tas kurs?]

Do you need my passport?

Vai jums vajag manu pasi?
[vai jums vajag manu pasi?]

Time

What time is it?	**Cik pulkstens?** [tsik pulkstens?]
When?	**Kad?** [kad?]
At what time?	**Cikos?** [tsikɔs?]
now | later | after ...	**tagad | vēlāk | pēc ...** [tagad | vɛːlaːk | peːts ...]

one o'clock	**pulkstens viens** [pulkstens viɛns]
one fifteen	**piecpadsmit pāri vieniem** [piɛtspadsmit paːri viɛniɛm]
one thirty	**pusdivi** [pusdivi]
one forty-five	**bez piecpadsmt divi** [bez piɛtspadsmt divi]

one | two | three	**viens | divi | trīs** [viɛns | divi | triːs]
four | five | six	**četri | pieci | seši** [tʃetri | piɛtsi | seʃi]
seven | eight | nine	**septiņi | astoņi | deviņi** [septiɲi | astɔɲi | deviɲi]
ten | eleven | twelve	**desmit | vienpadsmit | divpadsmit** [desmit | viɛnpadsmit | divpadsmit]

in ...	**pēc ...** [peːts ...]
five minutes	**piecām minūtēm** [piɛtsaːm minuːteːm]
ten minutes	**desmit minūtēm** [desmit minuːteːm]
fifteen minutes	**piecpadsmit minūtēm** [piɛtspadsmit minuːteːm]
twenty minutes	**divdesmit minūtēm** [divdesmit minuːteːm]

half an hour	**pusstundas** [pustundas]
an hour	**stundas** [stundas]

in the morning	**no rīta** [no ri:ta]
early in the morning	**agri no rīta** [agri no ri:ta]
this morning	**šorīt** [ʃori:t]
tomorrow morning	**rīt no rīta** [ri:t no ri:ta]

in the middle of the day	**pusdienlaikā** [pusdiɛnlaika:]
in the afternoon	**pēcpusdienā** [pe:tspusdiɛna:]
in the evening	**vakarā** [vakara:]
tonight	**šovakar** [ʃovakar]

at night	**naktī** [nakti:]
yesterday	**vakar** [vakar]
today	**šodien** [ʃodiɛn]
tomorrow	**rīt** [ri:t]
the day after tomorrow	**parīt** [pari:t]

What day is it today?	**Kas šodien par dienu?** [kas ʃodiɛn par diɛnu?]
It's ...	**Šodien ir ...** [ʃodiɛn ir ...]
Monday	**Pirmdiena** [pirmdiɛna]
Tuesday	**Otrdiena** [otrdiɛna]
Wednesday	**Trešdiena** [treʃdiɛna]

Thursday	**Ceturtdiena** [tsɛturtdiɛna]
Friday	**Piektdiena** [piɛktdiɛna]
Saturday	**Sestdiena** [sestdiɛna]
Sunday	**Svētdiena** [sve:tdiɛna]

Greetings. Introductions

Hello.	**Sveicināti.**
	[svɛitsinaːti.]
Pleased to meet you.	**Priecājos ar jums iepazīties.**
	[priɛtsaːjɔs ar jums iɛpaziːtiɛs.]
Me too.	**Es arī.**
	[es ariː.]
I'd like you to meet ...	**Es vēlos jūs iepazīstināt ar ...**
	[es veːlɔs juːs iɛpaziːstinaːt ar ...]
Nice to meet you.	**Ļoti patīkami.**
	[ˈlʲɔti patiːkami.]

How are you?	**Kā jums klājas?**
	[kaː jums klaːjas?]
My name is ...	**Mani sauc ...**
	[mani sauts ...]
His name is ...	**Viņu sauc ...**
	[viɲu sauts ...]
Her name is ...	**Viņu sauc ...**
	[viɲu sauts ...]
What's your name?	**Kā jūs sauc?**
	[kaː juːs sauts?]
What's his name?	**Kā viņu sauc?**
	[kaː viɲu sauts?]
What's her name?	**Kā viņu sauc?**
	[kaː viɲu sauts?]

What's your last name?	**Kāds ir jūsu uzvārds?**
	[kaːds ir juːsu uzvaːrds?]
You can call me ...	**Sauciet mani ...**
	[sautsiɛt mani ...]
Where are you from?	**No kurienes jūs esat?**
	[nɔ kuriɛnes juːs ɛsat?]
I'm from ...	**Esmu no ...**
	[ɛsmu nɔ ...]
What do you do for a living?	**Kāda ir jūsu nodarbošanās?**
	[kaːda ir juːsu nɔdarbɔʃanaːs?]

Who is this?	**Kas tas /tā/ ir?**
	[kas tas /taː/ ir?]
Who is he?	**Kas viņš ir?**
	[kas viɲʃ ir?]
Who is she?	**Kas viņa ir?**
	[kas viɲa ir?]

Who are they?	**Kas viņi /viņas/ ir?** [kas viņi /viņas/ ir?]
This is …	**Tas /tā/ ir …** [tas /ta:/ ir …]
my friend (masc.)	**mans draugs** [mans draugs]
my friend (fem.)	**mana draudzene** [mana draudzɛne]
my husband	**mans vīrs** [mans vi:rs]
my wife	**mana sieva** [mana siɛva]
my father	**mans tēvs** [mans te:vs]
my mother	**mana māte** [mana ma:te]
my brother	**mans brālis** [mans bra:lis]
my sister	**mana māsa** [mana ma:sa]
my son	**mans dēls** [mans dɛ:ls]
my daughter	**mana meita** [mana mɛita]
This is our son.	**Šis ir mūsu dēls.** [ʃis ir mu:su dɛ:ls.]
This is our daughter.	**Šī ir mūsu meita.** [ʃi: ir mu:su mɛita.]
These are my children.	**Šie ir mani bērni.** [ʃiɛ ir mani be:rni.]
These are our children.	**Šie ir mūsu bērni.** [ʃiɛ ir mu:su be:rni.]

Farewells

Good bye!

Uz redzēšanos!
[uz redze:ʃanɔs!]

Bye! (inform.)

Atā!
[ata:!]

See you tomorrow.

Līdz rītam.
[li:dz ri:tam.]

See you soon.

Uz tikšanos.
[uz tikʃanɔs.]

See you at seven.

Tiekamies septiņos.
[tiɛkamies septiɲɔs.]

Have fun!

Izpriecājaties!
[izpriɛtsa:jatiɛs!]

Talk to you later.

Parunāsim vēlāk.
[paruna:sim vɛ:la:k.]

Have a nice weekend.

Lai tev laba nedēļas nogale.
[lai tev laba nɛdɛ:ļas nɔgale.]

Good night.

Arlabunakt.
[arlabunakt.]

It's time for me to go.

Man laiks doties.
[man laiks dotiɛs.]

I have to go.

Man jāiet.
[man ja:iɛt.]

I will be right back.

Es tūlīt būšu atpakaļ.
[es tu:li:t bu:ʃu atpakaļ.]

It's late.

Jau vēls.
[jau vɛ:ls.]

I have to get up early.

Man agri jāceļas.
[man agri ja:tsɛļas.]

I'm leaving tomorrow.

Es rīt aizbraucu.
[es ri:t aizbrautsu.]

We're leaving tomorrow.

Mēs rīt aizbraucam.
[me:s ri:t aizbrautsam.]

Have a nice trip!

Laimīgu ceļojumu!
[laimi:gu tseļɔjumu!]

It was nice meeting you.

Bija prieks ar jums iepazīties.
[bija priɛks ar jums iɛpazi:tiɛs.]

It was nice talking to you.

Bija prieks ar jums sarunāties.
[bija priɛks ar jums saruna:tiɛs.]

Thanks for everything.

Paldies par visu.
[paldies par visu.]

I had a very good time.	**Es patīkami pavadīju laiku.** [es pati:kami pavadi:ju laiku.]
We had a very good time.	**Mēs patīkami pavadījām laiku.** [me:s pati:kami pavadi:ja:m laiku.]
It was really great.	**Viss bija lieliski.** [vis bija liɛliski.]
I'm going to miss you.	**Man jūs pietrūks.** [man ju:s piɛtru:ks.]
We're going to miss you.	**Mums jūs pietrūks.** [mums ju:s piɛtru:ks.]
Good luck!	**Lai veicas!** [lai vɛitsas!]
Say hi to …	**Pasveiciniet …** [pasvɛitsiniɛt …]

Foreign language

I don't understand.	**Es nesaprotu.** [es nɛsaprɔtu.]
Write it down, please.	**Lūdzu, uzrakstiet to.** [lu:dzu, uzrakstiɛt tɔ.]
Do you speak ...?	**Vai jūs runājat ...?** [vai ju:s runa:jat ...?]

I speak a little bit of ...	**Es nedaudz protu ...** [es nɛdaudz prɔtu ...]
English	**angļu valodu** [aŋgļu valɔdu]
Turkish	**turku valodu** [turku valɔdu]
Arabic	**arābu valodu** [ara:bu valɔdu]
French	**franču valodu** [frantʃu valɔdu]

German	**vācu valodu** [va:tsu valɔdu]
Italian	**itāļu valodu** [ita:ļu valɔdu]
Spanish	**spāņu valodu** [spa:ņu valɔdu]
Portuguese	**portugāļu valodu** [pɔrtuga:ļu valɔdu]
Chinese	**ķīniešu valodu** [ķi:niɛʃu valɔdu]
Japanese	**japāņu valodu** [japa:ņu valɔdu]

Can you repeat that, please.	**Lūdzu, atkārtojiet.** [lu:dzu, atka:rtɔjiɛt.]
I understand.	**Es saprotu.** [es saprɔtu.]
I don't understand.	**Es nesaprotu.** [es nɛsaprɔtu.]
Please speak more slowly.	**Lūdzu, runājiet lēnāk.** [lu:dzu, runa:jiɛt lɛ:na:k.]

Is that correct? (Am I saying it right?)	**Vai pareizi?** [vai parɛizi?]
What is this? (What does this mean?)	**Kas tas ir?** [kas tas ir?]

Apologies

Excuse me, please.

Atvainojiet, lūdzu.
[atvainojiɛt, luːdzu.]

I'm sorry.

Man žēl.
[man ʒeːl.]

I'm really sorry.

Man ļoti žēl.
[man ʎɔti ʒeːl.]

Sorry, it's my fault.

Atvainojiet, tā ir mana vaina.
[atvainojiɛt, taː ir mana vaina.]

My mistake.

Mana kļūda.
[mana kʎuːda.]

May I ...?

Vai drīkstu ...?
[vai driːkstu ...?]

Do you mind if I ...?

Vai jums nav nekas pretī, ja es ...?
[vai jums nav nɛkas pretiː, ja es ...?]

It's OK.

Tas nekas.
[tas nɛkas.]

It's all right.

Viss kārtībā.
[vis kaːrtiːbaː.]

Don't worry about it.

Neuztraucieties.
[nɛuztrautsiɛtiɛs.]

Agreement

Yes.	**Jā.** [ja:.]
Yes, sure.	**Jā, protams.** [ja:, protams.]
OK (Good!)	**Labi!** [labi!]
Very well.	**Ļoti labi.** [ļoti labi.]
Certainly!	**Protams!** [protams!]
I agree.	**Es piekrītu.** [es piɛkri:tu.]
That's correct.	**Taisnība.** [taisni:ba.]
That's right.	**Pareizi.** [parɛizi.]
You're right.	**Jums taisnība.** [jums taisni:ba.]
I don't mind.	**Man nav iebildumu.** [man nav iɛbildumu.]
Absolutely right.	**Pilnīgi pareizi.** [pilni:gi parɛizi.]
It's possible.	**Tas ir iespējams.** [tas ir iɛspe:jams.]
That's a good idea.	**Tā ir laba doma.** [ta: ir laba dɔma.]
I can't say no.	**Es nevaru atteikt.** [es nɛvaru attɛikt.]
I'd be happy to.	**Priecāšos.** [priɛtsa:ʃɔs.]
With pleasure.	**Ar prieku.** [ar priɛku.]

Refusal. Expressing doubt

No.	**Nē.** [ne:.]
Certainly not.	**Noteikti, nē.** [nɔtɛikti, ne:.]
I don't agree.	**Es nepiekrītu.** [es nepiɛkri:tu.]
I don't think so.	**Es tā nedomāju.** [es ta: nedɔma:ju.]
It's not true.	**Tā nav taisnība.** [ta: nav taisni:ba.]
You are wrong.	**Jums nav taisnība.** [jums nav taisni:ba.]
I think you are wrong.	**Es domāju, jums nav taisnība.** [es dɔma:ju, jums nav taisni:ba.]
I'm not sure.	**Neesmu drošs.** [neesmu drɔʃs.]
It's impossible.	**Tas nav iespējams.** [tas nav iɛspe:jams.]
Nothing of the kind (sort)!	**Nekas tamlīdzīgs.** [nɛkas tamli:dzi:gs.]
The exact opposite.	**Tieši pretēji.** [tiɛʃi prɛte:ji.]
I'm against it.	**Esmu pret.** [ɛsmu pret.]
I don't care.	**Man vienalga.** [man viɛnalga.]
I have no idea.	**Man nav ne jausmas.** [man nav ne jausmas.]
I doubt it.	**Šaubos, ka tas tā ir.** [ʃaubɔs, ka tas ta: ir.]
Sorry, I can't.	**Atvainojiet, es nevaru.** [atvainɔjiɛt, es nɛvaru.]
Sorry, I don't want to.	**Atvainojiet, es negribu.** [atvainɔjiɛt, es negribu.]
Thank you, but I don't need this.	**Paldies, bet man tas nav vajadzīgs.** [paldiɛs, bet man tas nav vajadzi:gs.]
It's getting late.	**Jau vēls.** [jau vɛ:ls.]

I have to get up early.	**Man agri jāceļas.** [man agri ja:tsɛlʲas.]
I don't feel well.	**Man ir slikti.** [man ir slikti.]

Expressing gratitude

Thank you. **Paldies.**
[paldiɛs.]

Thank you very much. **Liels paldies.**
[liɛls paldiɛs.]

I really appreciate it. **Esmu ļoti pateicīgs /pateicīga/.**
[ɛsmu ļoti patɛitsi:gs /patɛitsi:ga/.]

I'm really grateful to you. **Es pateicos jums.**
[es patɛitsɔs jums.]

We are really grateful to you. **Mēs pateicamies jums.**
[me:s patɛitsamies jums.]

Thank you for your time. **Paldies, ka veltījāt laiku.**
[paldiɛs, ka velti:ja:t laiku.]

Thanks for everything. **Paldies par visu.**
[paldies par visu.]

Thank you for ... **Paldies par ...**
[paldies par ...]

your help **palīdzību**
[pali:dzi:bu]

a nice time **labi pavadītu laiku**
[labi pavadi:tu laiku]

a wonderful meal **brīnišķīgu maltīti**
[bri:niʃ'ki:gu malti:ti]

a pleasant evening **patīkamu vakaru**
[pati:kamu vakaru]

a wonderful day **lielisku dienu**
[liɛlisku diɛnu]

an amazing journey **pārsteidzošo braucienu**
[pa:rstɛidzoʃɔ brautsiɛnu]

Don't mention it. **Nav par ko.**
[nav par kɔ.]

You are welcome. **Nav vērts pieminēt.**
[nav ve:rts piɛmine:t.]

Any time. **Jebkurā laikā.**
[jebkura: laika:.]

My pleasure. **Bija prieks palīdzēt.**
[bija priɛks pali:dze:t.]

Forget it. **Aizmirstiet. Viss kārtībā.**
[aizmirstiɛt. vis ka:rti:ba:.]

Don't worry about it. **Neuztraucieties.**
[nɛuztrautsiɛtiɛs.]

Congratulations. Best wishes

Congratulations!	**Apsveicu!** [apsvɛitsu!]
Happy birthday!	**Daudz laimes dzimšanas dienā!** [daudz laimes dzimʃanas diɛna:!]
Merry Christmas!	**Priecīgus Ziemassvētkus!** [priɛtsi:gus ziɛmasve:tkus!]
Happy New Year!	**Laimīgu Jauno gadu!** [laimi:gu jaunɔ gadu!]
Happy Easter!	**Priecīgas Lieldienas!** [priɛtsi:gas liɛldiɛnas!]
Happy Hanukkah!	**Priecīgu Hanuku!** [priɛtsi:gu xanuku!]
I'd like to propose a toast.	**Es vēlos teikt tostu.** [es ve:lɔs tɛikt tɔstu.]
Cheers!	**Priekā!** [priɛka:!]
Let's drink to …!	**Uz … veselību!** [uz … vɛseli:bu!]
To our success!	**Par mūsu panākumiem!** [par mu:su pana:kumiɛm!]
To your success!	**Par jūsu panākumiem!** [par ju:su pana:kumiɛm!]
Good luck!	**Lai veicas!** [lai vɛitsas!]
Have a nice day!	**Lai jums jauka diena!** [lai jums jauka diɛna!]
Have a good holiday!	**Lai jums labas brīvdienas!** [lai jums labas bri:vdiɛnas!]
Have a safe journey!	**Lai jums veiksmīgs ceļojums!** [lai jums vɛiksmi:gs tselʲɔjums!]
I hope you get better soon!	**Novēlu jums ātru atveseļošanos!** [nɔvɛ:lu jums a:tru atvɛselʲɔʃanɔs!]

Socializing

Why are you sad?	**Kāpēc jūs esat noskumis /noskumusi/?** [kɑ:pe:ts ju:s ɛsat nɔskumis /nɔskumusi/?]
Smile! Cheer up!	**Pasmaidiet!** [pasmaidiɛt!]
Are you free tonight?	**Vai esat aizņemts /aizņemta/ šovakar?** [vai ɛsat aizɲemts /aizɲemta/ ʃovakar?]

May I offer you a drink?	**Vai drīkstu jums uzsaukt dzērienu?** [vai dri:kstu jums uzsaukt dze:riɛnu?]
Would you like to dance?	**Vai vēlaties padejot?** [vai vɛ:laties padejɔt?]
Let's go to the movies.	**Varbūt aizejam uz kino?** [varbu:t aizejam uz kinɔ?]

May I invite you to ...?	**Vai drīkstu jūs aicināt uz ...?** [vai dri:kstu ju:s aitsina:t uz ...?]
a restaurant	**restorānu** [restɔra:nu]
the movies	**kino** [kinɔ]
the theater	**teātri** [tea:tri]
go for a walk	**pastaigu** [pastaigu]

At what time?	**Cikos?** [tsikɔs?]
tonight	**šovakar** [ʃovakar]
at six	**sešos** [seʃɔs]
at seven	**septiņos** [septiɲɔs]
at eight	**astošos** [astoʃɔs]
at nine	**deviņos** [deviɲɔs]

Do you like it here?	**Vai jums te patīk?** [vai jums te pati:k?]
Are you here with someone?	**Vai jūs esat šeit ar kādu?** [vai ju:s ɛsat ʃɛit ar ka:du?]

I'm with my friend.

Esmu ar draugu /draudzeni/.
[εsmu ar draugu /draudzeni/.]

I'm with my friends.

Esmu ar saviem draugiem.
[εsmu ar saviεm draugiεm.]

No, I'm alone.

Nē, esmu viens /viena/.
[ne:, esmu viεns /viεna/.]

Do you have a boyfriend?

Vai jums ir puisis?
[vai jums ir puisis?]

I have a boyfriend.

Man ir puisis.
[man ir puisis.]

Do you have a girlfriend?

Vai jums ir meitene?
[vai jums ir mεitεne?]

I have a girlfriend.

Man ir meitene,
[man ir mεitεne,]

Can I see you again?

Vai mēs vēl tiksimies?
[vai me:s ve:l tiksimiεs?]

Can I call you?

Vai drīkstu tev piezvanīt?
[vai dri:kstu tev piεzvani:t?]

Call me. (Give me a call.)

Piezvani man.
[piεzvani man.]

What's your number?

Kāds ir tavs numurs?
[ka:ds ir tavs numurs?]

I miss you.

Man tevis pietrūkst.
[man tevis piεtru:kst.]

You have a beautiful name.

Jums ir skaists vārds.
[jums ir skaists va:rds.]

I love you.

Es tevi mīlu.
[es tevi mi:lu.]

Will you marry me?

Vai precēsi mani.
[vai pretse:si mani.]

You're kidding!

Jūs jokojat?
[ju:s jɔkɔjat?]

I'm just kidding.

Es tikai jokoju.
[es tikai jɔkɔju.]

Are you serious?

Vai jūs nopietni?
[vai ju:s nɔpiεtni?]

I'm serious.

Es runāju nopietni.
[es runa:ju nɔpiεtni.]

Really?!

Tiešām?!
[tiεʃa:m?!]

It's unbelievable!

Tas ir neticami!
[tas ir netitsami!]

I don't believe you.

Es jums neticu!
[es jums netitsu!]

I can't.

Es nevaru.
[es nεvaru.]

I don't know.

Es nezinu.
[es nezinu.]

I don't understand you.

Es jūs nesaprotu.
[es juːs nɛsaprɔtu.]

Please go away.

Lūdzu, ejiet prom.
[luːdzu, ejiɛt prɔm.]

Leave me alone!

Atstājiet mani vienu!
[atstaːjiɛt mani viɛnu!]

I can't stand him.

Es nevaru viņu ciest.
[es nɛvaru viɲu tsiɛst.]

You are disgusting!

Jūs esat pretīgs!
[juːs ɛsat pretiːgs!]

I'll call the police!

Es izsaukšu policīju!
[es izsaukʃu politsiːjuǃ]

Sharing impressions. Emotions

I like it.	**Man patīk.**
	[man pati:k.]
Very nice.	**Ļoti jauki.**
	[ļoti jauki.]
That's great!	**Tas ir lieliski!**
	[tas ir lieliski!]
It's not bad.	**Tas nav slikti.**
	[tas nav slikti.]

I don't like it.	**Man nepatīk.**
	[man nepati:k.]
It's not good.	**Tas nav labi.**
	[tas nav labi.]
It's bad.	**Tas ir slikti.**
	[tas ir slikti.]
It's very bad.	**Tas ir ļoti slikti.**
	[tas ir ļoti slikti.]
It's disgusting.	**Tas ir pretīgi.**
	[tas ir preti:gi.]

I'm happy.	**Esmu laimīgs /laimīga/.**
	[esmu laimi:gs /laimi:ga/.]
I'm content.	**Esmu apmierināts /apmierināta/.**
	[esmu apmierina:ts /apmierina:ta/.]
I'm in love.	**Esmu iemīlējies /iemīlējusies/.**
	[esmu iemi:le:jies /iemi:le:jusies/.]
I'm calm.	**Esmu mierīgs /mierīga/.**
	[esmu mieri:gs /mieri:ga/.]
I'm bored.	**Man ir garlaicīgi.**
	[man ir garlaitsi:gi.]

I'm tired.	**Es esmu noguris /nogurusi/.**
	[es esmu noguris /nogurusi/.]
I'm sad.	**Man ir skumji.**
	[man ir skumji.]
I'm frightened.	**Man ir bail.**
	[man ir bail.]
I'm angry.	**Esmu dusmīgs /dusmīga/.**
	[esmu dusmi:gs /dusmi:ga/.]

I'm worried.	**Esmu uztraucies /uztraukusies/.**
	[esmu uztrautsies /uztraukusies/.]
I'm nervous.	**Esmu nervozs /nervoza/.**
	[esmu nervozs /nervoza/.]

I'm jealous. (envious)	**Es apskaužu.**
	[es apskauʒu.]
I'm surprised.	**Esmu pārsteigts /pārsteigta/.**
	[ɛsmu paːrstɛigts /paːrstɛigta/.]
I'm perplexed.	**Esmu apjucis /apjukusi/.**
	[ɛsmu apjutsis /apjukusi/.]

Problems. Accidents

I've got a problem.

Man ir problēma.
[man ir problε:ma.]

We've got a problem.

Mums ir problēma.
[mums ir problε:ma.]

I'm lost.

Esmu apmaldījies /apmaldījusies/.
[εsmu apmaldi:jies /apmaldi:jusiεs/.]

I missed the last bus (train).

Es nokavēju pēdējo autobusu (vilcienu).
[es nokave:ju pε:de:jo autobusu.]

I don't have any money left.

Man vairs nav naudas.
[man vairs nav naudas.]

I've lost my ...

Es pazaudēju savu ...
[es pazaude:ju savu ...]

Someone stole my ...

Kāds nozaga manu ...
[ka:ds nozaga manu ...]

passport

pasi
[pasi]

wallet

maku
[maku]

papers

dokumentus
[dokumentus]

ticket

biļeti
[biļeti]

money

naudu
[naudu]

handbag

rokassomiņu
[rokasomiņu]

camera

fotoaparātu
[fotoapara:tu]

laptop

klēpjdatoru
[kle:pjdatoru]

tablet computer

planšetdatoru
[planʃetdatoru]

mobile phone

mobīlo telefonu
[mobi:lo tɛlefonu]

Help me!

Palīgā!
[pali:ga:!]

What's happened?

Kas noticis?
[kas notitsis?]

fire	**ugunsgrēks** [ugunsgre:ks]
shooting	**apšaude** [ʃauʃana]
murder	**slepkavība** [slepkavi:ba]
explosion	**sprādziens** [spra:dziɛns]
fight	**kautiņš** [kautiɲʃ]

Call the police!	**Izauciet policīju!** [izautsiɛt politsi:ju!]
Please hurry up!	**Lūdzu, pasteidzieties!** [lu:dzu, pastɛidziɛtiɛs!]
I'm looking for the police station.	**Es meklēju policījas iecirkni.** [es mekle:ju politsi:jas iɛtsirkni.]
I need to make a call.	**Man jāpezvana.** [man ja:pezvana.]
May I use your phone?	**Vai drīkstu piezvanīt?** [vai dri:kstu piɛzvani:t?]

I've been ...	**Mani ...** [mani ...]
mugged	**aplaupīja** [aplaupi:ja]
robbed	**apzaga** [apzaga]
raped	**izvaroja** [izvarɔja]
attacked (beaten up)	**piekāva** [piɛka:va]

Are you all right?	**Vai jums viss kārtībā?** [vai jums vis ka:rti:ba:?]
Did you see who it was?	**Vai jūs redzējāt, kurš tas bija?** [vai ju:s redze:ja:t, kurʃ tas bija?]
Would you be able to recognize the person?	**Vai jūs varēsiet viņu atpazīt?** [vai ju:s vare:siɛt viɲu atpazi:t?]
Are you sure?	**Vai esat drošs /droša/?** [vai ɛsat drɔʃs /drɔʃa/?]

Please calm down.	**Lūdzu, nomierinieties.** [lu:dzu, nɔmiɛriniɛtiɛs.]
Take it easy!	**Mierīgāk!** [miɛri:ga:k!]
Don't worry!	**Neuztraucieties!** [nɛuztrautsiɛtiɛs!]
Everything will be fine.	**Viss būs labi.** [vis bu:s labi.]
Everything's all right.	**Viss kārtībā.** [vis ka:rti:ba:.]

Come here, please.

Nāciet šurp, lūdzu.
[na:tsiɛt ʃurp, lu:dzu.]

I have some questions for you.

Man jāuzdod jums daži jautājumi.
[man ja:uzdod jums daʒi jauta:jumi.]

Wait a moment, please.

Uzgaidiet, lūdzu.
[uzgaidiɛt, lu:dzu.]

Do you have any I.D.?

Vai jums ir dokumenti?
[vai jums ir dɔkumenti?]

Thanks. You can leave now.

Paldies. Jūs variet iet.
[paldiɛs. ju:s variɛt iɛt.]

Hands behind your head!

Rokas aiz galvas!
[rɔkas aiz galvas!]

You're under arrest!

Jūs esat arestēts /arestēta/!
[ju:s ɛsat areste:ts /arestɛ:ta/!]

Health problems

Please help me.	**Lūdzu, palīdziet.** [lu:dzu, pali:dziɛt.]
I don't feel well.	**Man ir slikti.** [man ir slikti.]
My husband doesn't feel well.	**Manam vīram ir slikti.** [manam vi:ram ir slikti.]
My son ...	**Manam dēlam ...** [manam dɛ:lam ...]
My father ...	**Manam tēvam ...** [manam tɛ:vam ...]
My wife doesn't feel well.	**Manai sievai ir slikti.** [manai siɛvai ir slikti.]
My daughter ...	**Manai meitai ...** [manai mɛitai ...]
My mother ...	**Manai mātei ...** [manai ma:tɛi ...]
I've got a ...	**Man sāp ...** [man sa:p ...]
headache	**galva** [galva]
sore throat	**kakls** [kakls]
stomach ache	**vēders** [vɛ:dɛrs]
toothache	**zobs** [zɔbs]
I feel dizzy.	**Man reibst galva.** [man rɛibst galva.]
He has a fever.	**Viņam ir drudzis.** [viɲam ir drudzis.]
She has a fever.	**Viņai ir drudzis.** [viɲai ir drudzis.]
I can't breathe.	**Es nevaru paelpot.** [es nɛvaru paelpɔt.]
I'm short of breath.	**Man trūkst elpas.** [man tru:kst elpas.]
I am asthmatic.	**Man ir astma.** [man ir astma.]
I am diabetic.	**Man ir diabēts.** [man ir diabe:ts.]

I can't sleep.	**Man ir bezmiegs.** [man ir bezmiɛgs.]
food poisoning	**saindēšanās ar ēdienu** [sainde:ʃana:s ar e:diɛnu]

It hurts here.	**Man sāp šeit.** [man sa:p ʃɛit.]
Help me!	**Palīgā!** [pali:ga:!]
I am here!	**Es esmu šeit!** [es esmu ʃɛit!]
We are here!	**Mēs esam šeit!** [me:s ɛsam ʃɛit!]
Get me out of here!	**Daboniet mani arā no šejienes!** [dabɔniɛt mani ara: nɔ ʃejiɛnes!]
I need a doctor.	**Man vajag ārstu.** [man vajag a:rstu.]
I can't move.	**Es nevaru pakustēties.** [es nɛvaru pakuste:tiɛs.]
I can't move my legs.	**Es nevaru pakustināt kājas.** [es nɛvaru pakustina:t ka:jas.]

I have a wound.	**Es esmu ievainots /ievainota/.** [es esmu iɛvainɔts /iɛvainɔta/.]
Is it serious?	**Vai kas nopietns?** [vai kas nɔpiɛtns?]
My documents are in my pocket.	**Mani dokumenti ir kabatā.** [mani dɔkumenti ir kabata:.]
Calm down!	**Nomierinieties!** [nɔmiɛriniɛtiɛs!]
May I use your phone?	**Vai drīkstu piezvanīt?** [vai dri:kstu piɛzvani:t?]

Call an ambulance!	**Izsauciet ātro palīdzību!** [izsautsiɛt a:trɔ pali:dzi:bu!]
It's urgent!	**Tas ir steidzami!** [tas ir stɛidzami!]
It's an emergency!	**Tas ir ļoti steidzami!** [tas ir ļoti stɛidzami!]
Please hurry up!	**Lūdzu, pasteidzieties!** [lu:dzu, pastɛidziɛtiɛs!]
Would you please call a doctor?	**Lūdzu, izsauciet ārstu!** [lu:dzu, izsautsiɛt a:rstu!]
Where is the hospital?	**Kur ir slimnīca?** [kur ir slimni:tsa?]

How are you feeling?	**Kā jūs jūtaties** [ka: ju:s ju:tatiɛs]
Are you all right?	**Vai jums viss kārtībā?** [vai jums vis ka:rti:ba:?]
What's happened?	**Kas noticis?** [kas nɔtitsis?]

I feel better now.	**Es jūtos labāk.** [es juːtɔs labaːk.]
It's OK.	**Viss kārtībā.** [vis kaːrtiːbaː.]
It's all right.	**Viss ir labi.** [vis ir labi.]

At the pharmacy

pharmacy (drugstore)	**aptieka** [aptiɛka]
24-hour pharmacy	**diennakts aptieka** [diɛnnakts aptiɛka]
Where is the closest pharmacy?	**Kur ir tuvākā aptieka?** [kur ir tuva:ka: aptiɛka?]
Is it open now?	**Vai tagad tā ir atvērta.** [vai tagad ta: ir atve:rta.]
At what time does it open?	**Cikos tā būs atvērta?** [tsikɔs ta: bu:s atve:rta?]
At what time does it close?	**Līdz cikiem tā strādā?** [li:dz tsikiɛm ta: stra:da:?]
Is it far?	**Vai tas ir tālu?** [vai tas ir ta:lu?]
Can I get there on foot?	**Vai es aiziešu ar kājām?** [vai es aiziɛʃu ar ka:ja:m?]
Can you show me on the map?	**Lūdzu, parādiet to uz kartes?** [lu:dzu, para:diɛt tɔ uz kartes?]
Please give me something for ...	**Lūdzu, dodiet man kaut ko pret ...** [lu:dzu, dɔdiɛt man kaut kɔ pret ...]
a headache	**galvassāpēm** [galvasa:pe:m]
a cough	**klepu** [klɛpu]
a cold	**saaukstēšanos** [saaukste:ʃanɔs]
the flu	**gripu** [gripu]
a fever	**drudzi** [drudzi]
a stomach ache	**vēdersāpēm** [vɛ:dɛrsa:pe:m]
nausea	**sliktu dūšu** [sliktu du:ʃu]
diarrhea	**caureju** [tsaureju]
constipation	**aizcietējumu** [aiztsiɛte:jumu]
pain in the back	**muguras sāpēm** [muguras sa:pe:m]

chest pain	**sāpēm krūtīs**
	[sa:pe:m kru:ti:s]
side stitch	**sāpēm sānos**
	[sa:pe:m sa:nɔs]
abdominal pain	**vēdera sāpēm**
	[vɛ:dɛra sa:pe:m]

pill	**tablete**
	[tablɛte]
ointment, cream	**ziede, krēms**
	[ziɛde, kre:ms]
syrup	**sīrups**
	[si:rups]
spray	**aerosols**
	[aerɔsɔls]
drops	**pilieni**
	[piliɛni]

You need to go to the hospital.	**Jums jābrauc uz slimnīcu.**
	[jums ja:brauts uz slimni:tsu.]
health insurance	**veselības apdrošināšana**
	[vɛseli:bas apdrɔʃina:ʃana]
prescription	**recepte**
	[retsepte]
insect repellant	**kukaiņu atbaidīšanas līdzeklis**
	[kukaiņu atbaidi:ʃanas li:dzeklis]
Band Aid	**plāksteris**
	[pla:ksteris]

The bare minimum

Excuse me, ...	**Atvainojiet, ...** [atvainɔjiɛt, ...]
Hello.	**Sveicināti.** [svɛitsina:ti.]
Thank you.	**Paldies.** [paldiɛs.]
Good bye.	**Uz redzēšanos.** [uz redze:ʃanɔs.]
Yes.	**Jā.** [ja:.]
No.	**Nē.** [ne:.]
I don't know.	**Es nezinu.** [es nezinu.]
Where? | Where to? | When?	**Kur? | Uz kurieni? | Kad?** [kur? | uz kuriɛni? | kad?]

I need ...	**Man vajag ...** [man vajag ...]
I want ...	**Es gribu ...** [es gribu ...]
Do you have ...?	**Vai jums ir ...?** [vai jums ir ...?]
Is there a ... here?	**Vai šeit ir ...?** [vai ʃɛit ir ...?]
May I ...?	**Vai drīkstu ...?** [vai dri:kstu ...?]
..., please (polite request)	**Lūdzu, ...** [lu:dzu, ...]

I'm looking for ...	**Es meklēju ...** [es mekle:ju ...]
restroom	**tualeti** [tualeti]
ATM	**bankomātu** [bankɔma:tu]
pharmacy (drugstore)	**aptieku** [aptiɛku]
hospital	**slimnīcu** [slimni:tsu]
police station	**policijas iecirkni** [pɔlitsi:jas iɛtsirkni]
subway	**metro** [metrɔ]

taxi	**taksometru** [taksɔmetru]
train station	**dzelzceļa staciju** [dzelztsɛļa statsiju]

My name is …	**Mani sauc …** [mani sauts …]
What's your name?	**Kā jūs sauc?** [ka: ju:s sauts?]
Could you please help me?	**Lūdzu, palīdziet.** [lu:dzu, pali:dziɛt.]
I've got a problem.	**Man ir problēma.** [man ir problɛ:ma.]
I don't feel well.	**Man ir slikti.** [man ir slikti.]
Call an ambulance!	**Izsauciet ātro palīdzību!** [izsautsiɛt a:trɔ pali:dzi:bu!]
May I make a call?	**Vai drīkstu piezvanīt?** [vai dri:kstu piɛzvani:t?]

I'm sorry.	**Atvainojos.** [atvainɔjɔs.]
You're welcome.	**Lūdzu.** [lu:dzu.]

I, me	**es** [es]
you (inform.)	**tu** [tu]
he	**viņš** [viɲʃ]
she	**viņa** [viɲa]
they (masc.)	**viņi** [viɲi]
they (fem.)	**viņas** [viɲas]
we	**mēs** [me:s]
you (pl)	**jūs** [ju:s]
you (sg, form.)	**Jūs** [ju:s]

ENTRANCE	**IEEJA** [iɛeja]
EXIT	**IZEJA** [izeja]
OUT OF ORDER	**NESTRĀDĀ** [nestra:da:]
CLOSED	**SLĒGTS** [sle:gts]

OPEN

ATVĒRTS
[atve:rts]

FOR WOMEN

SIEVIETĒM
[siɛviɛte:m]

FOR MEN

VĪRIEŠIEM
[vi:riɛʃiɛm]

CONCISE
DICTIONARY

This section contains more than 1,500 useful words arranged alphabetically. The dictionary includes a lot of gastronomic terms and will be helpful when ordering food at a restaurant or buying groceries

T&P Books Publishing

DICTIONARY CONTENTS

T&P Books Publishing

time	laiks (v)	[laiks]
hour	stunda (s)	[stunda]
half an hour	pusstunda	[pustunda]
minute	minūte (s)	[minu:te]
second	sekunde (s)	[sɛkunde]

today (adv)	šodien	[ʃɔdiɛn]
tomorrow (adv)	rīt	[ri:t]
yesterday (adv)	vakar	[vakar]

Monday	pirmdiena (s)	[pirmdiɛna]
Tuesday	otrdiena (s)	[ɔtrdiɛna]
Wednesday	trešdiena (s)	[treʃdiɛna]
Thursday	ceturtdiena (s)	[tsɛturtdiɛna]
Friday	piektdiena (s)	[piɛktdiɛna]
Saturday	sestdiena (s)	[sestdiɛna]
Sunday	svētdiena (s)	[sve:tdiɛna]

day	diena (s)	[diɛna]
working day	darba diena (s)	[darba diɛna]
public holiday	svētku diena (s)	[sve:tku diɛna]
weekend	brīvdienas (s dsk)	[bri:vdiɛnas]

week	nedēļa (s)	[nɛdɛ:lʲa]
last week (adv)	pagājušajā nedēļā	[paga:juʃaja: nɛdɛ:lʲa:]
next week (adv)	nākamajā nedēļā	[na:kamaja: nɛdɛ:lʲa:]

| sunrise | saullēkts (v) | [saulle:kts] |
| sunset | saulriets (v) | [saulriɛts] |

| in the morning | no rīta | [nɔ ri:ta] |
| in the afternoon | pēcpusdienā | [pe:tspusdiɛna:] |

| in the evening | vakarā | [vakara:] |
| tonight (this evening) | šovakar | [ʃɔvakar] |

| at night | naktī | [nakti:] |
| midnight | pusnakts (s) | [pusnakts] |

January	janvāris (v)	[janva:ris]
February	februāris (v)	[februa:ris]
March	marts (v)	[marts]
April	aprīlis (v)	[apri:lis]
May	maijs (v)	[maijs]
June	jūnijs (v)	[ju:nijs]

July	**jūlijs** (v)	[ju:lijs]
August	**augusts** (v)	[augusts]
September	**septembris** (v)	[septembris]
October	**oktobris** (v)	[ɔktɔbris]
November	**novembris** (v)	[nɔvembris]
December	**decembris** (v)	[detsembris]

in spring	**pavasarī**	[pavasari:]
in summer	**vasarā**	[vasara:]
in fall	**rudenī**	[rudeni:]
in winter	**ziemā**	[ziɛma:]

month	**mēnesis** (v)	[mɛ:nesis]
season (summer, etc.)	**gadalaiks** (v)	[gadalaiks]
year	**gads** (v)	[gads]
century	**gadsimts** (v)	[gadsimts]

2. Numbers. Numerals

digit, figure	**cipars** (v)	[tsipars]
number	**skaitlis** (v)	[skaitlis]
minus sign	**mīnuss** (v)	[mi:nus]
plus sign	**pluss** (v)	[plus]
sum, total	**summa** (s)	[summa]

first (adj)	**pirmais**	[pirmais]
second (adj)	**otrais**	[ɔtrais]
third (adj)	**trešais**	[treʃais]

0 zero	**nulle**	[nulle]
1 one	**viens**	[viɛns]
2 two	**divi**	[divi]
3 three	**trīs**	[tri:s]
4 four	**četri**	[tʃetri]

5 five	**pieci**	[piɛtsi]
6 six	**seši**	[seʃi]
7 seven	**septiņi**	[septiɲi]
8 eight	**astoņi**	[astɔɲi]
9 nine	**deviņi**	[deviɲi]
10 ten	**desmit**	[desmit]

11 eleven	**vienpadsmit**	[viɛnpadsmit]
12 twelve	**divpadsmit**	[divpadsmit]
13 thirteen	**trīspadsmit**	[tri:spadsmit]
14 fourteen	**četrpadsmit**	[tʃetrpadsmit]
15 fifteen	**piecpadsmit**	[piɛtspadsmit]

| 16 sixteen | **sešpadsmit** | [seʃpadsmit] |
| 17 seventeen | **septiņpadsmit** | [septiɲpadsmit] |

| 18 eighteen | **astoņpadsmit** | [astoɲpadsmit] |
| 19 nineteen | **deviņpadsmit** | [deviɲpadsmit] |

20 twenty	**divdesmit**	[divdesmit]
30 thirty	**trīsdesmit**	[tri:sdesmit]
40 forty	**četrdesmit**	[tʃetrdesmit]
50 fifty	**piecdesmit**	[piɛtsdesmit]

60 sixty	**sešdesmit**	[seʃdesmit]
70 seventy	**septiņdesmit**	[septiɲdesmit]
80 eighty	**astoņdesmit**	[astoɲdesmit]
90 ninety	**deviņdesmit**	[deviɲdesmit]

100 one hundred	**simts**	[simts]
200 two hundred	**divsimt**	[divsimt]
300 three hundred	**trīssimt**	[tri:simt]
400 four hundred	**četrsimt**	[tʃetrsimt]
500 five hundred	**piecsimt**	[piɛtsimt]

600 six hundred	**sešsimt**	[seʃsimt]
700 seven hundred	**septiņsimt**	[septiɲsimt]
800 eight hundred	**astoņsimt**	[astoɲsimt]
900 nine hundred	**deviņsimt**	[deviɲsimt]
1000 one thousand	**tūkstotis**	[tu:kstɔtis]

| 10000 ten thousand | **desmit tūkstoši** | [desmit tu:kstɔʃi] |
| one hundred thousand | **simt tūkstoši** | [simt tu:kstɔʃi] |

| million | **miljons** (v) | [miljɔns] |
| billion | **miljards** (v) | [miljards] |

3. Humans. Family

man (adult male)	**vīrietis** (v)	[vi:riɛtis]
young man	**jauneklis** (v)	[jauneklis]
teenager	**pusaudzis** (v)	[pusaudzis]
woman	**sieviete** (s)	[siɛviɛte]
girl (young woman)	**jauniete** (s)	[jauniɛte]

age	**vecums** (v)	[vetsums]
adult (adj)	**pieaudzis**	[piɛaudzis]
middle-aged (adj)	**pusmūža gados**	[pusmu:ʒa gadɔs]
elderly (adj)	**pavecs**	[pavets]
old (adj)	**vecs**	[vets]

old man	**vecītis** (v)	[vetsi:tis]
old woman	**vecenīte** (s)	[vetseni:te]
retirement	**pensionēšanās** (s)	[pensiɔne:ʃana:s]
to retire (from job)	**aiziet pensijā**	[aiziɛt pensija:]
retiree	**pensionārs** (v)	[pensiɔna:rs]

mother	mãte (s)	[ma:te]
father	tēvs (v)	[te:vs]
son	dēls (v)	[dɛ:ls]
daughter	meita (s)	[mɛita]
brother	brãlis (v)	[bra:lis]
elder brother	vecākais brālis (v)	[vetsa:kais bra:lis]
younger brother	jaunākais brālis (v)	[jauna:kais bra:lis]
sister	mãsa (s)	[ma:sa]
elder sister	vecākā māsa (s)	[vetsa:ka: ma:sa]
younger sister	jaunākā māsa (s)	[jauna:ka: ma:sa]
parents	vecāki (v dsk)	[vetsa:ki]
child	bērns (v)	[be:rns]
children	bērni (v dsk)	[be:rni]
stepmother	pamãte (s)	[pama:te]
stepfather	patēvs (v)	[pate:vs]
grandmother	vecmāmiņa (s)	[vetsma:miɲa]
grandfather	vectēvs (v)	[vetste:vs]
grandson	mazdēls (v)	[mazdɛ:ls]
granddaughter	mazmeita (s)	[mazmɛita]
grandchildren	mazbērni (v dsk)	[mazbe:rni]
uncle	onkulis (v)	[ɔnkulis]
aunt	tante (s)	[tante]
nephew	brāļadēls, māsasdēls (v)	[bra: l'adɛ:ls], [ma:sasdɛ:ls]
niece	brāļameita, māsasmeita (s)	[bra:l'amɛita], [ma:sasmɛita]
wife	sieva (s)	[siɛva]
husband	vīrs (v)	[vi:rs]
married (masc.)	precējies	[pretse:jiɛs]
married (fem.)	precējusies	[pretse:jusiɛs]
widow	atraitne (s)	[atraitne]
widower	atraitnis (v)	[atraitnis]
name (first name)	vārds (v)	[va:rds]
surname (last name)	uzvārds (v)	[uzva:rds]
relative	radinieks (v)	[radiniɛks]
friend (masc.)	draugs (v)	[draugs]
friendship	draudzība (s)	[draudzi:ba]
partner	partneris (v)	[partneris]
superior (n)	priekšnieks (v)	[priɛkʃniɛks]
colleague	kolēģis (v)	[kɔle:dʲis]
neighbors	kaimiņi (v dsk)	[kaimiɲi]

4. Human body

| organism (body) | organisms (v) | [ɔrganisms] |
| body | ķermenis (v) | [tʲermenis] |

heart	sirds (s)	[sirds]
blood	asins (s)	[asins]
brain	smadzenes (s dsk)	[smadzɛnes]
nerve	nervs (v)	[nervs]

bone	kauls (v)	[kauls]
skeleton	skelets (v)	[skɛlets]
spine (backbone)	mugurkauls (v)	[mugurkauls]
rib	riba (s)	[riba]
skull	galvaskauss (v)	[galvaskaus]

muscle	muskulis (v)	[muskulis]
lungs	plaušas (s dsk)	[plauʃas]
skin	āda (s)	[a:da]

head	galva (s)	[galva]
face	seja (s)	[seja]
nose	deguns (v)	[dɛguns]
forehead	piere (s)	[piɛre]
cheek	vaigs (v)	[vaigs]

mouth	mute (s)	[mute]
tongue	mēle (s)	[mɛ:le]
tooth	zobs (v)	[zɔbs]
lips	lūpas (s dsk)	[lu:pas]
chin	zods (v)	[zɔds]

ear	auss (s)	[aus]
neck	kakls (v)	[kakls]
throat	rīkle (s)	[ri:kle]

eye	acs (s)	[ats]
pupil	acs zīlīte (s)	[ats zi:li:te]
eyebrow	uzacs (s)	[uzats]
eyelash	skropsta (s)	[skrɔpsta]

hair	mati (v dsk)	[mati]
hairstyle	frizūra (s)	[frizu:ra]
mustache	ūsas (s dsk)	[u:sas]
beard	bārda (s)	[ba:rda]
to have (a beard, etc.)	ir	[ir]
bald (adj)	plikgalvains	[plikgalvains]

hand	delna (s)	[delna]
arm	roka (s)	[rɔka]
finger	pirksts (v)	[pirksts]
nail	nags (v)	[nags]
palm	plauksta (s)	[plauksta]

shoulder	augšdelms (v)	[augʃdelms]
leg	kāja (s)	[ka:ja]
foot	pēda (s)	[pɛ:da]

| knee | celis (v) | [tselis] |
| heel | papēdis (v) | [pape:dis] |

back	mugura (s)	[mugura]
waist	viduklis (v)	[viduklis]
beauty mark	dzimumzīme (s)	[dzimumzi:me]
birthmark	dzimumzīme (s)	[dzimumzi:me]
(café au lait spot)		

5. Medicine. Diseases. Drugs

health	veselība (s)	[vɛseli:ba]
well (not sick)	vesels	[vɛsɛls]
sickness	slimība (s)	[slimi:ba]
to be sick	slimot	[slimɔt]
ill, sick (adj)	slims	[slims]

cold (illness)	saaukstēšanās (s)	[saaukste:ʃana:s]
to catch a cold	saaukstēties	[saaukste:tiɛs]
tonsillitis	angīna (s)	[aŋgi:na]
pneumonia	plaušu karsonis (v)	[plauʃu karsɔnis]
flu, influenza	gripa (s)	[gripa]

runny nose (coryza)	iesnas (s dsk)	[iɛsnas]
cough	klepus (v)	[klɛpus]
to cough (vi)	klepot	[klepɔt]
to sneeze (vi)	šķaudīt	[ʃtʲaudi:t]

stroke	insults (v)	[insults]
heart attack	infarkts (v)	[infarkts]
allergy	alerģija (s)	[alerdʲija]
asthma	astma (s)	[astma]
diabetes	diabēts (v)	[diabe:ts]

tumor	audzējs (v)	[audze:js]
cancer	vēzis (v)	[ve:zis]
alcoholism	alkoholisms (v)	[alkɔxɔlisms]
AIDS	AIDS (v)	[aids]
fever	drudzis (v)	[drudzis]
seasickness	jūras slimība (s)	[ju:ras slimi:ba]

bruise (hématome)	zilums (v)	[zilums]
bump (lump)	puns (v)	[puns]
to limp (vi)	klibot	[klibɔt]
dislocation	izmežģījums (v)	[izmeʒdʲi:jums]
to dislocate (vt)	izmežģīt	[izmeʒdʲi:t]

fracture	lūzums (v)	[lu:zums]
burn (injury)	apdegums (v)	[apdɛgums]
injury	traumēšana (s)	[traume:ʃana]

| pain, ache | **sāpes** (s dsk) | [sa:pes] |
| toothache | **zobu sāpes** (s dsk) | [zɔbu sa:pes] |

to sweat (perspire)	**svīst**	[svi:st]
deaf (adj)	**kurls**	[kurls]
mute (adj)	**mēms**	[me:ms]

immunity	**imunitāte** (s)	[imunita:te]
virus	**vīruss** (v)	[vi:rus]
microbe	**mikrobs** (v)	[mikrɔbs]
bacterium	**baktērija** (s)	[bakte:rija]
infection	**infekcija** (s)	[infektsija]

hospital	**slimnīca** (s)	[slimni:tsa]
cure	**ārstēšana** (s)	[a:rste:ʃana]
to vaccinate (vt)	**potēt**	[pote:t]
to be in a coma	**būt komā**	[bu:t kɔma:]
intensive care	**reanimācija** (s)	[reanima:tsija]
symptom	**simptoms** (v)	[simptɔms]
pulse	**pulss** (v)	[puls]

6. Feelings. Emotions. Conversation

I, me	**es**	[es]
you	**tu**	[tu]
he	**viņš**	[viɲʃ]
she	**viņa**	[viɲa]
it	**tas**	[tas]

we	**mēs**	[me:s]
you (to a group)	**jūs**	[ju:s]
they	**viņi**	[viɲi]

Hello! (fam.)	**Sveiki!**	[svɛiki!]
Hello! (form.)	**Esiet sveicināts!**	[ɛsiɛt svɛitsina:ts!]
Good morning!	**Labrīt!**	[labri:t!]
Good afternoon!	**Labdien!**	[labdiɛn!]
Good evening!	**Labvakar!**	[labvakar!]

to say hello	**sveicināt**	[svɛitsina:t]
to greet (vt)	**pasveicināt**	[pasvɛitsina:t]
How are you?	**Kā iet?**	[ka: iɛt?]
Goodbye! (form.)	**Uz redzēšanos!**	[uz redze:ʃanɔs!]
Bye! (fam.)	**Atā!**	[ata:!]
Thank you!	**Paldies!**	[paldiɛs!]

feelings	**jūtas** (s dsk)	[ju:tas]
to be hungry	**gribēt ēst**	[gribe:t e:st]
to be thirsty	**gribēt dzert**	[gribe:t dzert]
tired (adj)	**noguris**	[nɔguris]

to be worried	**uztraukties**	[uztrauktiɛs]
to be nervous	**nervozēt**	[nervɔzeːt]
hope	**cerība** (s)	[tseriːba]
to hope (vi, vt)	**cerēt**	[tsɛreːt]

character	**raksturs** (v)	[raksturs]
modest (adj)	**kautrīgs**	[kautriːgs]
lazy (adj)	**slinks**	[slinks]
generous (adj)	**devīgs**	[deviːgs]
talented (adj)	**talantīgs**	[talantiːgs]

honest (adj)	**godīgs**	[gɔdiːgs]
serious (adj)	**nopietns**	[nɔpiɛtns]
shy, timid (adj)	**bikls**	[bikls]
sincere (adj)	**vaļsirdīgs**	[valʲsirdiːgs]
coward	**gļēvulis** (v)	[glʲɛ:vulis]

to sleep (vi)	**gulēt**	[gule:t]
dream	**sapnis** (v)	[sapnis]
bed	**gulta** (s)	[gulta]
pillow	**spilvens** (v)	[spilvens]

insomnia	**bezmiegs** (v)	[bezmiɛgs]
to go to bed	**iet gulēt**	[iɛt gule:t]
nightmare	**murgi** (v dsk)	[murgi]
alarm clock	**modinātājs** (v)	[mɔdinaːtaːjs]

smile	**smaids** (v)	[smaids]
to smile (vi)	**smaidīt**	[smaidiːt]
to laugh (vi)	**smieties**	[smiɛtiɛs]

quarrel	**ķilda** (s)	[tʲilda]
insult	**apvainošana** (s)	[apvainɔʃana]
resentment	**aizvainojums** (v)	[aizvainɔjums]
angry (mad)	**dusmīgs**	[dusmi:gs]

7. Clothing. Personal accessories

clothes	**apģērbs** (v)	[apdʲeːrbs]
coat (overcoat)	**mētelis** (v)	[mɛːtelis]
fur coat	**kažoks** (v)	[kaʒɔks]
jacket (e.g., leather ~)	**jaka** (s)	[jaka]
raincoat (trenchcoat, etc.)	**apmetnis** (v)	[apmetnis]

shirt (button shirt)	**krekls** (v)	[krekls]
pants	**bikses** (s dsk)	[bikses]
suit jacket	**žakete** (s)	[ʒakɛte]
suit	**uzvalks** (v)	[uzvalks]
dress (frock)	**kleita** (s)	[klɛita]
skirt	**svārki** (v dsk)	[sva:rki]

T-shirt	sporta krekls (v)	[spɔrta krekls]
bathrobe	halāts (v)	[xala:ts]
pajamas	pidžama (s)	[pidʒama]
workwear	darba apģērbs (v)	[darba apdʲeːrbs]

underwear	veļa (s)	[vɛlʲa]
socks	zeķes (s dsk)	[zɛtʲes]
bra	krūšturis (v)	[kru:ʃturis]
pantyhose	zeķubikses (s dsk)	[zɛtʲubikses]
stockings (thigh highs)	sieviešu zeķes (s dsk)	[siɛviɛʃu zɛtʲes]
bathing suit	peldkostīms (v)	[peldkɔsti:ms]

hat	cepure (s)	[tsɛpure]
footwear	apavi (v dsk)	[apavi]
boots (e.g., cowboy ~)	zābaki (v dsk)	[za:baki]
heel	papēdis (v)	[pape:dis]
shoestring	aukla (s)	[aukla]
shoe polish	apavu krēms (v)	[apavu kre:ms]
cotton (n)	kokvilna (s)	[kɔkvilna]
wool (n)	vilna (s)	[vilna]
fur (n)	kažokāda (s)	[kaʒɔka:da]

gloves	cimdi (v dsk)	[tsimdi]
mittens	dūraiņi (v dsk)	[du:raiɲi]
scarf (muffler)	šalle (s)	[ʃalle]
glasses (eyeglasses)	brilles (s dsk)	[brilles]
umbrella	lietussargs (v)	[liɛtusargs]

tie (necktie)	kaklasaite (s)	[kaklasaite]
handkerchief	kabatlakatiņš (v)	[kabatlakatiɲʃ]
comb	ķemme (s)	[tʲemme]
hairbrush	matu suka (s)	[matu suka]
buckle	sprādze (s)	[spra:dze]
belt	josta (s)	[jɔsta]
purse	somiņa (s)	[sɔmiɲa]

collar	apkakle (s)	[apkakle]
pocket	kabata (s)	[kabata]
sleeve	piedurkne (s)	[piɛdurkne]
fly (on trousers)	bikšu priekša	[bikʃu priɛkʃa]

zipper (fastener)	rāvējslēdzējs (v)	[ra:ve:jsle:dze:js]
button	poga (s)	[pɔga]
to get dirty (vi)	notraipīties	[nɔtraipi:tiɛs]
stain (mark, spot)	traips (v)	[traips]

8. City. Urban institutions

| store | veikals (v) | [vɛikals] |
| shopping mall | tirdzniecības centrs (v) | [tirdzniɛtsi:bas tsentrs] |

supermarket	lielveikals (v)	[liɛlvɛikals]
shoe store	apavu veikals (v)	[apavu vɛikals]
bookstore	grāmatnīca (s)	[gra:matni:tsa]

drugstore, pharmacy	aptieka (s)	[aptiɛka]
bakery	maiznīca (s)	[maizni:tsa]
pastry shop	konditoreja (s)	[konditoreja]
grocery store	pārtikas preču veikals (v)	[pa:rtikas pretʃu vɛikals]
butcher shop	gaļas veikals (v)	[galʲas vɛikals]
produce store	sakņu veikals (v)	[sakɲu vɛikals]
market	tirgus (v)	[tirgus]

hair salon	frizētava (s)	[frizɛ:tava]
post office	pasts (v)	[pasts]
dry cleaners	ķīmiskā tīrītava (s)	[tʲi:miska: ti:ri:tava]
circus	cirks (v)	[tsirks]
zoo	zoodārzs (v)	[zɔɔda:rzs]

theater	teātris (v)	[tea:tris]
movie theater	kinoteātris (v)	[kinɔtea:tris]
museum	muzejs (v)	[muzejs]
library	bibliotēka (s)	[bibliɔtɛ:ka]

mosque	mošeja (s)	[mɔʃeja]
synagogue	sinagoga (s)	[sinagɔga]
cathedral	katedrāle (s)	[katedra:le]
temple	dievnams (v)	[diɛvnams]
church	baznīca (s)	[bazni:tsa]

college	institūts (v)	[institu:ts]
university	universitāte (s)	[univɛrsita:te]
school	skola (s)	[skɔla]

hotel	viesnīca (s)	[viɛsni:tsa]
bank	banka (s)	[banka]
embassy	vēstniecība (s)	[ve:stniɛtsi:ba]
travel agency	tūrisma aģentūra (s)	[tu:risma adʲentu:ra]

subway	metro (v)	[metrɔ]
hospital	slimnīca (s)	[slimni:tsa]
gas station	degvielas uzpildes stacija (s)	[degviɛlas uzpildes statsija]
parking lot	autostāvvieta (s)	[autɔsta:vviɛta]

ENTRANCE	IEEJA	[iɛeja]
EXIT	IZEJA	[izeja]
PUSH	GRŪST	[gru:st]
PULL	VILKT	[vilkt]
OPEN	ATVĒRTS	[atve:rts]
CLOSED	SLĒGTS	[sle:gts]
monument	piemineklis (v)	[piɛmineklis]
fortress	cietoksnis (v)	[tsiɛtɔksnis]

palace	pils (s)	[pils]
medieval (adj)	viduslaiku	[viduslaiku]
ancient (adj)	senlaiku	[senlaiku]
national (adj)	nacionāls	[natsiɔna:ls]
famous (monument, etc.)	slavens	[slavens]

9. Money. Finances

money	nauda (s)	[nauda]
coin	monēta (s)	[mɔnɛ:ta]
dollar	dolārs (v)	[dɔla:rs]
euro	eiro (v)	[ɛirɔ]

ATM	bankomāts (v)	[bankɔma:ts]
currency exchange	apmaiņas punkts (v)	[apmaiɲas punkts]
exchange rate	kurss (v)	[kurs]
cash	skaidra nauda (v)	[skaidra nauda]

How much?	Cik?	[tsik?]
to pay (vi, vt)	maksāt	[maksa:t]
payment	samaksa (s)	[samaksa]
change (give the ~)	atlikums (v)	[atlikums]

price	cena (s)	[tsɛna]
discount	atlaide (s)	[atlaide]
cheap (adj)	lēts	[le:ts]
expensive (adj)	dārgs	[da:rgs]

bank	banka (s)	[banka]
account	konts (v)	[kɔnts]
credit card	kredītkarte (s)	[kredi:tkarte]
check	čeks (v)	[tʃeks]
to write a check	izrakstīt čeku	[izraksti:t tʃeku]
checkbook	čeku grāmatiņa (s)	[tʃeku gra:matiɲa]

debt	parāds (v)	[para:ds]
debtor	parādnieks (v)	[para:dniɛks]
to lend (money)	aizdot	[aizdɔt]
to borrow (vi, vt)	aizņemties	[aizɲemtiɛs]

to rent (~ a tuxedo)	paņemt nomā	[paɲemt nɔma:]
on credit (adv)	uz kredīta	[uz kredi:ta]
wallet	maks (v)	[maks]
safe	seifs (v)	[sɛifs]
inheritance	mantojums (v)	[mantɔjums]
fortune (wealth)	mantība (s)	[manti:ba]

tax	nodoklis (v)	[nɔdɔklis]
fine	sods (v)	[sɔds]
to fine (vt)	uzlikt naudas sodu	[uzlikt naudas sɔdu]

wholesale (adj)	vairum-	[vairum-]
retail (adj)	mazumtirdzniecības-	[mazumtirdzniɛtsi:bas-]
to insure (vt)	apdrošināt	[apdrɔʃina:t]
insurance	apdrošināšana (s)	[apdrɔʃina:ʃana]

capital	kapitāls (v)	[kapita:ls]
turnover	apgrieziens (v)	[apgriɛziɛns]
stock (share)	akcija (s)	[aktsija]
profit	peļņa (s)	[pelʲɲa]
profitable (adj)	ienesīgs	[iɛnesi:gs]

crisis	krīze (s)	[kri:ze]
bankruptcy	bankrots (v)	[bankrɔts]
to go bankrupt	bankrotēt	[bankrɔte:t]

accountant	grāmatvedis (v)	[gra:matvedis]
salary	darba alga (s)	[darba alga]
bonus (money)	prēmija (s)	[pre:mija]

10. Transportation

bus	autobuss (v)	[autɔbus]
streetcar	tramvajs (v)	[tramvajs]
trolley bus	trolejbuss (v)	[trɔlejbus]

to go by ...	braukt ar ...	[braukt ar ...]
to get on (~ the bus)	iekāpt	[iɛka:pt]
to get off ...	izkāpt	[izka:pt]

stop (e.g., bus ~)	pietura (s)	[piɛtura]
terminus	galapunkts (v)	[galapunkts]
schedule	saraksts (v)	[saraksts]
ticket	biļete (s)	[bilʲɛte]
to be late (for ...)	nokavēties	[nɔkave:tiɛs]

taxi, cab	taksometrs (v)	[taksɔmetrs]
by taxi	ar taksometru	[ar taksɔmetru]
taxi stand	taksometru stāvvieta (s)	[taksɔmetru sta:vviɛta]

traffic	satiksme (s)	[satiksme]
rush hour	maksimālās slodzes laiks (v)	[maksima:la:s slɔdzes laiks]
to park (vi)	novietot auto	[nɔviɛtot autɔ]

subway	metro (v)	[metrɔ]
station	stacija (s)	[statsija]
train	vilciens (v)	[viltsiɛns]
train station	dzelzceļa stacija (s)	[dzelztsɛlʲa statsija]
rails	sliedes (s dsk)	[sliɛdes]
compartment	kupeja (s)	[kupeja]

berth	plaukts (v)	[plaukts]
airplane	lidmašīna (s)	[lidmaʃi:na]
air ticket	aviobiļete (s)	[aviɔbilʲɛte]
airline	aviokompānija (s)	[aviɔkɔmpa:nija]
airport	lidosta (s)	[lidɔsta]

flight (act of flying)	lidojums (v)	[lidɔjums]
luggage	bagāža (s)	[baga:ʒa]
luggage cart	bagāžas ratiņi (v dsk)	[baga:ʒas ratiɲi]

ship	kuģis (v)	[kudʲis]
cruise ship	laineris (v)	[laineris]
yacht	jahta (s)	[jaxta]
boat (flat-bottomed ~)	laiva (s)	[laiva]

captain	kapteinis (v)	[kaptɛinis]
cabin	kajīte (s)	[kaji:te]
port (harbor)	osta (s)	[ɔsta]

bicycle	divritenis (v)	[divritenis]
scooter	motorollers (v)	[mɔtɔrɔllɛrs]
motorcycle, bike	motocikls (v)	[mɔtɔtsikls]
pedal	pedālis (v)	[pɛda:lis]
pump	sūknis (v)	[su:knis]
wheel	ritenis (v)	[ritenis]

automobile, car	automobilis (v)	[autɔmɔbilis]
ambulance	ātrā palīdzība (s)	[a:tra: pali:dzi:ba]
truck	kravas automašīna (s)	[kravas autɔmaʃi:na]
used (adj)	lietots	[liɛtɔts]
car crash	avārija (s)	[ava:rija]
repair	remonts (v)	[remɔnts]

11. Food. Part 1

meat	gaļa (s)	[galʲa]
chicken	vista (s)	[vista]
duck	pīle (s)	[pi:le]

pork	cūkgaļa (s)	[tsu:kgalʲa]
veal	teļa gaļa (s)	[tɛlʲa galʲa]
lamb	jēra gaļa (s)	[je:ra galʲa]
beef	liellopu gaļa (s)	[liɛllopu galʲa]

sausage (bologna, pepperoni, etc.)	desa (s)	[dɛsa]
egg	ola (s)	[ɔla]
fish	zivs (s)	[zivs]
cheese	siers (v)	[siɛrs]
sugar	cukurs (v)	[tsukurs]

salt	sāls (v)	[sa:ls]
rice	rīsi (v dsk)	[ri:si]
pasta (macaroni)	makaroni (v dsk)	[makarɔni]
butter	sviests (v)	[sviɛsts]
vegetable oil	augu eļļa (s)	[augu elʲa]
bread	maize (s)	[maize]
chocolate (n)	šokolāde (s)	[ʃɔkɔla:de]

wine	vīns (v)	[vi:ns]
coffee	kafija (s)	[kafija]
milk	piens (v)	[piɛns]
juice	sula (s)	[sula]
beer	alus (v)	[alus]
tea	tēja (s)	[te:ja]

tomato	tomāts (v)	[tɔma:ts]
cucumber	gurķis (v)	[gurtʲis]
carrot	burkāns (v)	[burka:ns]
potato	kartupelis (v)	[kartupelis]
onion	sīpols (v)	[si:pɔls]
garlic	ķiploks (v)	[tʲiplɔks]

cabbage	kāposti (v dsk)	[ka:posti]
beetroot	biete (s)	[biɛte]
eggplant	baklažāns (v)	[baklaʒa:ns]
dill	dilles (s dsk)	[dilles]
lettuce	dārza salāti (v dsk)	[da:rza sala:ti]
corn (maize)	kukurūza (s)	[kukuru:za]

fruit	auglis (v)	[auglis]
apple	ābols (v)	[a:bols]
pear	bumbieris (v)	[bumbiɛris]
lemon	citrons (v)	[tsitrɔns]
orange	apelsīns (v)	[apɛlsi:ns]
strawberry (garden ~)	zemene (s)	[zɛmɛne]

plum	plūme (s)	[plu:me]
raspberry	avene (s)	[avɛne]
pineapple	ananāss (v)	[anana:s]
banana	banāns (v)	[bana:ns]
watermelon	arbūzs (v)	[arbu:zs]
grape	vīnoga (s)	[vi:nɔga]
melon	melone (s)	[melɔne]

12. Food. Part 2

cuisine	virtuve (s)	[virtuve]
recipe	recepte (s)	[retsepte]
food	ēdiens (v)	[e:diɛns]
to have breakfast	brokastot	[brɔkastɔt]

| to have lunch | pusdienot | [pusdiɛnɔt] |
| to have dinner | vakariņot | [vakariɲɔt] |

taste, flavor	garša (s)	[garʃa]
tasty (adj)	garšīgs	[garʃi:gs]
cold (adj)	auksts	[auksts]
hot (adj)	karsts	[karsts]
sweet (sugary)	salds	[salds]
salty (adj)	sāļš	[sa:lʲʃ]

sandwich (bread)	sviestmaize (s)	[sviɛstmaize]
side dish	piedeva (s)	[piɛdɛva]
filling (for cake, pie)	pildījums (v)	[pildi:jums]
sauce	mērce (s)	[me:rtse]
piece (of cake, pie)	gabals (v)	[gabals]

diet	diēta (s)	[diɛ:ta]
vitamin	vitamīns (v)	[vitami:ns]
calorie	kalorija (s)	[kalɔrija]
vegetarian (n)	veģetārietis (v)	[vɛdʲɛta:riɛtis]

restaurant	restorāns (v)	[restɔra:ns]
coffee house	kafejnīca (s)	[kafejni:tsa]
appetite	apetīte (s)	[apeti:te]
Enjoy your meal!	Labu apetīti!	[labu apeti:ti!]

waiter	oficiants (v)	[ɔfitsiants]
waitress	oficiante (s)	[ɔfitsiante]
bartender	bārmenis (v)	[ba:rmenis]
menu	ēdienkarte (s)	[e:diɛnkarte]

spoon	karote (s)	[karɔte]
knife	nazis (v)	[nazis]
fork	dakša (s)	[dakʃa]
cup (e.g., coffee ~)	tase (s)	[tase]

plate (dinner ~)	šķīvis (v)	[ʃtʲi:vis]
saucer	apakštase (s)	[apakʃtase]
napkin (on table)	salvete (s)	[salvɛte]
toothpick	zobu bakstāmais (v)	[zɔbu baksta:mais]

to order (meal)	pasūtīt	[pasu:ti:t]
course, dish	ēdiens (v)	[e:diɛns]
portion	porcija (s)	[pɔrtsija]
appetizer	uzkožamais (v)	[uzkɔʒamais]
salad	salāti (v dsk)	[sala:ti]
soup	zupa (s)	[zupa]

dessert	deserts (v)	[dɛserts]
jam (whole fruit jam)	ievārījums (v)	[iɛva:ri:jums]
ice-cream	saldējums (v)	[salde:jums]
check	rēķins (v)	[re:tʲins]

| to pay the check | samaksāt rēķinu | [samaksa:t re:tʲinu] |
| tip | dzeramnauda (s) | [dzɛramnauda] |

13. House. Apartment. Part 1

house	māja (s)	[ma:ja]
country house	ārpilsētas māja (s)	[a:rpilsɛ:tas ma:ja]
villa (seaside ~)	villa (s)	[villa]

floor, story	stāvs (v)	[sta:vs]
entrance	ieeja (s)	[iɛeja]
wall	siena (s)	[siɛna]
roof	jumts (v)	[jumts]
chimney	skurstenis (v)	[skurstenis]

attic (storage place)	bēniņi (v dsk)	[be:niɲi]
window	logs (v)	[lɔgs]
window ledge	palodze (s)	[palɔdze]
balcony	balkons (v)	[balkɔns]

stairs (stairway)	kāpnes (s dsk)	[ka:pnes]
mailbox	pastkastīte (s)	[pastkasti:te]
garbage can	atkritumu tvertne (s)	[atkritumu tvertne]
elevator	lifts (v)	[lifts]

electricity	elektrība (s)	[ɛlektri:ba]
light bulb	spuldze (s)	[spuldze]
switch	izslēdzējs (v)	[izsle:dze:js]
wall socket	rozete (s)	[rɔzɛte]
fuse	drošinātājs (v)	[drɔʃina:ta:js]

door	durvis (s dsk)	[durvis]
handle, doorknob	rokturis (v)	[rɔkturis]
key	atslēga (s)	[atslɛ:ga]
doormat	paklājiņš (v)	[pakla:jiɲʃ]

door lock	slēdzis (v)	[sle:dzis]
doorbell	zvans (v)	[zvans]
knock (at the door)	klaudziens (v)	[klaudziɛns]
to knock (vi)	klauvēt	[klauve:t]
peephole	actiņa (s)	[atstiɲa]

yard	sēta (s)	[sɛ:ta]
garden	dārzs (v)	[da:rzs]
swimming pool	baseins (v)	[basɛins]
gym (home gym)	sporta zāle (s)	[sporta za:le]
tennis court	tenisa laukums (v)	[tenisa laukums]
garage	garāža (s)	[gara:ʒa]
private property	privātīpašums (v)	[priva:ti:paʃums]
warning sign	brīdinājuma zīme (s)	[bri:dina:juma zi:me]

| security | apsardze (s) | [apsardze] |
| security guard | apsargs (v) | [apsargs] |

renovations	remonts (v)	[remɔnts]
to renovate (vt)	renovēt	[renɔve:t]
to put in order	sakārtot	[saka:rtɔt]
to paint (~ a wall)	krāsot	[kra:sɔt]
wallpaper	tapetes (s dsk)	[tapɛtes]
to varnish (vt)	nolakot	[nɔlakɔt]

pipe	caurule (s)	[tsaurule]
tools	instrumenti (v dsk)	[instrumenti]
basement	pagrabs (v)	[pagrabs]
sewerage (system)	kanalizācija (s)	[kanaliza:tsija]

14. House. Apartment. Part 2

apartment	dzīvoklis (v)	[dzi:vɔklis]
room	istaba (s)	[istaba]
bedroom	guļamistaba (s)	[guļamistaba]
dining room	ēdamistaba (s)	[ɛ:damistaba]

living room	viesistaba (s)	[viɛsistaba]
study (home office)	kabinets (v)	[kabinets]
entry room	priekštelpa (s)	[priɛkʃtelpa]
bathroom (room with a bath or shower)	vannas istaba (s)	[vannas istaba]

| half bath | tualete (s) | [tualɛte] |

| floor | grīda (s) | [gri:da] |
| ceiling | griesti (v dsk) | [griɛsti] |

to dust (vt)	slaucīt putekļus	[slautsi:t putekļus]
vacuum cleaner	putekļu sūcējs (v)	[putekļu su:tse:js]
to vacuum (vt)	sūkt putekļus	[su:kt putekļus]

mop	birste (s)	[birste]
dust cloth	lupata (s)	[lupata]
short broom	slota (s)	[slɔta]
dustpan	liekšķere (s)	[liɛkʃtʲɛre]

furniture	mēbeles (s dsk)	[me:bɛles]
table	galds (v)	[galds]
chair	krēsls (v)	[kre:sls]
armchair	atpūtas krēsls (v)	[atpu:tas kre:sls]

bookcase	grāmatplaukts (v)	[gra:matplaukts]
shelf	plaukts (v)	[plaukts]
wardrobe	drēbju skapis (v)	[dre:bju skapis]
mirror	spogulis (v)	[spɔgulis]

carpet	paklājs (v)	[paklaːjs]
fireplace	kamīns (v)	[kamiːns]
drapes	aizkari (v dsk)	[aizkari]
table lamp	galda lampa (s)	[galda lampa]
chandelier	lustra (s)	[lustra]

kitchen	virtuve (s)	[virtuve]
gas stove (range)	gāzes plīts (v)	[gaːzes pliːts]
electric stove	elektriskā plīts (v)	[ɛlektriska: pliːts]
microwave oven	mikroviļņu krāsns (v)	[mikroviľɲu kraːsns]

refrigerator	ledusskapis (v)	[lɛduskapis]
freezer	saldētava (s)	[saldɛːtava]
dishwasher	trauku mazgājamā mašīna (s)	[trauku mazgaːjama: maʃiːna]
faucet	krāns (v)	[kraːns]

meat grinder	gaļas mašīna (s)	[gaľas maʃiːna]
juicer	sulu spiede (s)	[sulu spiɛde]
toaster	tosters (v)	[tɔstɛrs]
mixer	mikseris (v)	[mikseris]

coffee machine	kafijas aparāts (v)	[kafijas aparaːts]
kettle	tējkanna (s)	[teːjkanna]
teapot	tējkanna (s)	[teːjkanna]

TV set	televizors (v)	[tɛlevizɔrs]
VCR (video recorder)	videomagnetofons (v)	[videɔmagnetɔfɔns]
iron (e.g., steam ~)	gludeklis (v)	[gludeklis]
telephone	tālrunis (v)	[taːlrunis]

15. Professions. Social status

director	direktors (v)	[direktɔrs]
superior	priekšnieks (v)	[priɛkʃniɛks]
president	prezidents (v)	[prezidents]
assistant	palīgs (v)	[paliːgs]
secretary	sekretārs (v)	[sekrɛtaːrs]

owner, proprietor	īpašnieks (v)	[iːpaʃniɛks]
partner	partneris (v)	[partneris]
stockholder	akcionārs (v)	[aktsiɔnaːrs]

businessman	biznesmenis (v)	[biznesmenis]
millionaire	miljonārs (v)	[miljɔnaːrs]
billionaire	miljardieris (v)	[miljardiɛris]

actor	aktieris (v)	[aktiɛris]
architect	arhitekts (v)	[arxitekts]
banker	baņķieris (v)	[baɲtʲiɛris]

broker	brokeris (v)	[brɔkeris]
veterinarian	veterinārs (v)	[vɛterina:rs]
doctor	ārsts (v)	[a:rsts]
chambermaid	istabene (s)	[istabɛne]
designer	dizainers (v)	[dizainɛrs]
correspondent	korespondents (v)	[korespɔndents]
delivery man	kurjers (v)	[kurjers]

electrician	elektriķis (v)	[ɛlektritʲis]
musician	mūziķis (v)	[mu:zitʲis]
babysitter	aukle (s)	[aukle]
hairdresser	frizieris (v)	[friziɛris]
herder, shepherd	gans (v)	[gans]

singer (masc.)	dziedātājs (v)	[dziɛda:ta:js]
translator	tulks (v)	[tulks]
writer	rakstnieks (v)	[rakstniɛks]
carpenter	namdaris (v)	[namdaris]
cook	pavārs (v)	[pava:rs]

fireman	ugunsdzēsējs (v)	[ugunsdzɛ:se:js]
police officer	policists (v)	[pɔlitsists]
mailman	pastnieks (v)	[pastniɛks]
programmer	programmētājs (v)	[prɔgrammɛ:ta:js]
salesman (store staff)	pārdevējs (v)	[pa:rdɛve:js]

worker	strādnieks (v)	[stra:dniɛks]
gardener	dārznieks (v)	[da:rzniɛks]
plumber	santehniķis (v)	[santexnitʲis]
dentist	stomatologs (v)	[stɔmatɔlogs]
flight attendant (fem.)	stjuarte (s)	[stjuarte]

dancer (masc.)	dejotājs (v)	[dejɔta:js]
bodyguard	miesassargs (v)	[miɛsasargs]
scientist	zinātnieks (v)	[zina:tniɛks]
schoolteacher	skolotājs (v)	[skɔlɔta:js]

farmer	fermeris (v)	[fermeris]
surgeon	ķirurgs (v)	[tʲirurgs]
miner	ogļracis (v)	[ɔglʲratsis]
chef (kitchen chef)	šefpavārs (v)	[ʃefpava:rs]
driver	šoferis (v)	[ʃɔferis]

16. Sport

kind of sports	sporta veids (v)	[spɔrta vɛids]
soccer	futbols (v)	[futbɔls]
hockey	hokejs (v)	[xɔkejs]
basketball	basketbols (v)	[basketbɔls]
baseball	beisbols (v)	[bɛisbɔls]

volleyball	volejbols (v)	[vɔlejbɔls]
boxing	bokss (v)	[bɔks]
wrestling	cīņa (s)	[tsiːɲa]
tennis	teniss (v)	[tenis]
swimming	peldēšana (s)	[peldeːʃana]

chess	šahs (v)	[ʃaxs]
running	skriešana (s)	[skriɛʃana]
athletics	vieglatlētika (s)	[viɛglatleːtika]
figure skating	daiļslidošana (s)	[dailʲslidɔʃana]
cycling	riteņbraukšana (s)	[riteɲbraukʃana]

billiards	biljards (v)	[biljards]
bodybuilding	bodibildings (v)	[bɔdibildiŋs]
golf	golfs (v)	[gɔlfs]
scuba diving	niršana (s)	[nirʃana]
sailing	buru sports (v)	[buru spɔrts]
archery	loka šaušana (s)	[lɔka ʃauʃana]

period, half	puslaiks (v)	[puslaiks]
half-time	pārtraukums (v)	[paːrtraukums]
tie	neizšķirts rezultāts (v)	[nɛizʃtʲirts rɛzultaːts]
to tie (vi)	nospēlēt neizšķirti	[nɔspɛːleːt nɛizʃtʲirti]

treadmill	skrejceļš (v)	[skrejtselʲʃ]
player	spēlētājs (v)	[spɛːlɛːtaːjs]
substitute	rezerves spēlētājs (v)	[rɛzerves spɛːlɛːtaːjs]
substitutes bench	rezervistu sols (v)	[rɛzervistu sɔls]

match	mačs (v)	[matʃs]
goal	vārti (v dsk)	[vaːrti]
goalkeeper	vārtsargs (v)	[vaːrtsargs]
goal (score)	vārti (v dsk)	[vaːrti]

Olympic Games	Olimpiskās Spēles (s dsk)	[ɔlimpiskaːs spɛːles]
to set a record	uzstādīt rekordu	[uzstaːdiːt rekɔrdu]
final	fināls (v)	[finaːls]
champion	čempions (v)	[tʃempiɔns]
championship	čempionāts (v)	[tʃempiɔnaːts]

winner	uzvarētājs (v)	[uzvarɛːtaːjs]
victory	uzvara (s)	[uzvara]
to win (vi)	vinnēt	[vinneːt]
to lose (not win)	zaudēt	[zaudeːt]
medal	medaļa (s)	[mɛdalʲa]

first place	pirmā vieta (s)	[pirma: viɛta]
second place	otrā vieta (s)	[ɔtra: viɛta]
third place	trešā vieta (s)	[treʃa: viɛta]

| stadium | stadions (v) | [stadiɔns] |
| fan, supporter | līdzjutējs (v) | [li:dzjute:js] |

| trainer, coach | treneris (v) | [trɛneris] |
| training | treniņš (v) | [treniɲʃ] |

17. Foreign languages. Orthography

language	valoda (s)	[valɔda]
to study (vt)	pētīt	[pe:ti:t]
pronunciation	izruna (s)	[izruna]
accent	akcents (v)	[aktsents]

noun	lietvārds (v)	[liɛtva:rds]
adjective	īpašības vārds (v)	[i:paʃi:bas va:rds]
verb	darbības vārds (v)	[darbi:bas va:rds]
adverb	apstākļa vārds (v)	[apsta:klʲa va:rds]

pronoun	vietniekvārds (v)	[viɛtniɛkva:rds]
interjection	izsauksmes vārds (v)	[izsauksmes va:rds]
preposition	prievārds (v)	[priɛva:rds]

root	vārda sakne (s)	[va:rda sakne]
ending	galotne (s)	[galɔtne]
prefix	priedēklis (v)	[priɛde:klis]
syllable	zilbe (s)	[zilbe]
suffix	sufikss (v)	[sufiks]

stress mark	uzsvars (v)	[uzsvars]
period, dot	punkts (v)	[punkts]
comma	komats (v)	[kɔmats]
colon	kols (v)	[kɔls]
ellipsis	daudzpunkte (s)	[daudzpunkte]

question	jautājums (v)	[jauta:jums]
question mark	jautājuma zīme (s)	[jauta:juma zi:me]
exclamation point	izsaukuma zīme (s)	[izsaukuma zi:me]

in quotation marks	pēdiņās	[pe:diɲa:s]
in parenthesis	iekavās	[iɛkava:s]
letter	burts (v)	[burts]
capital letter	lielais burts (v)	[liɛlais burts]

sentence	teikums (v)	[tɛikums]
group of words	vārdkopa (s)	[va:rdkɔpa]
expression	izteiciens (v)	[iztɛitsiɛns]

subject	teikuma priekšmets (v)	[tɛikuma priɛkʃmets]
predicate	izteicējs (v)	[iztɛitse:js]
line	rinda (s)	[rinda]
paragraph	rindkopa (s)	[rindkɔpa]
synonym	sinonīms (v)	[sinɔni:ms]
antonym	antonīms (v)	[antɔni:ms]

| exception | izņēmums (v) | [izɲɛ:mums] |
| to underline (vt) | pasvītrot | [pasvi:trɔt] |

rules	noteikumi (v dsk)	[nɔtɛikumi]
grammar	gramatika (s)	[gramatika]
vocabulary	leksika (s)	[leksika]
phonetics	fonētika (s)	[fɔne:tika]
alphabet	alfabēts (v)	[alfabe:ts]

textbook	mācību grāmata (s)	[ma:tsi:bu gra:mata]
dictionary	vārdnīca (s)	[va:rdni:tsa]
phrasebook	sarunvārdnīca (s)	[sarunva:rdni:tsa]

word	vārds (v)	[va:rds]
meaning	nozīme (s)	[nɔzi:me]
memory	atmiņa (s)	[atmiɲa]

18. The Earth. Geography

the Earth	Zeme (s)	[zɛme]
the globe (the Earth)	zemeslode (s)	[zɛmeslode]
planet	planēta (s)	[planɛ:ta]

geography	ģeogrāfija (s)	[dʲeɔgra:fija]
nature	daba (s)	[daba]
map	karte (s)	[karte]
atlas	atlants (v)	[atlants]

in the north	ziemeļos	[ziɛmelʲɔs]
in the south	dienvidos	[diɛnvidɔs]
in the west	rietumos	[riɛtumɔs]
in the east	austrumos	[austrumɔs]

sea	jūra (s)	[ju:ra]
ocean	okeāns (v)	[ɔkea:ns]
gulf (bay)	jūras līcis (v)	[ju:ras li:tsis]
straits	jūras šaurums (v)	[ju:ras ʃaurums]

continent (mainland)	kontinents (v)	[kɔntinents]
island	sala (s)	[sala]
peninsula	pussala (s)	[pusala]
archipelago	arhipelāgs (v)	[arxipɛla:gs]

harbor	osta (s)	[ɔsta]
coral reef	koraļļu rifs (v)	[kɔrallʲu rifs]
shore	krasts (v)	[krasts]
coast	piekraste (s)	[piɛkraste]

| flow (flood tide) | paisums (v) | [paisums] |
| ebb (ebb tide) | bēgums (v) | [bɛ:gums] |

latitude	**platums** (v)	[platums]
longitude	**garums** (v)	[garums]
parallel	**paralēle** (s)	[paralɛ:le]
equator	**ekvators** (v)	[ekvatɔrs]

sky	**debess** (s)	[dɛbes]
horizon	**horizonts** (v)	[xɔrizɔnts]
atmosphere	**atmosfēra** (s)	[atmɔsfɛ:ra]

mountain	**kalns** (v)	[kalns]
summit, top	**virsotne** (s)	[virsɔtne]
cliff	**klints** (s)	[klints]
hill	**pakalns** (v)	[pakalns]

volcano	**vulkāns** (v)	[vulka:ns]
glacier	**ledājs** (v)	[lɛda:js]
waterfall	**ūdenskritums** (v)	[u:denskritums]
plain	**līdzenums** (v)	[li:dzenums]

river	**upe** (s)	[upe]
spring (natural source)	**ūdens avots** (v)	[u:dens avɔts]
bank (of river)	**krasts** (v)	[krasts]
downstream (adv)	**plūsmas lejtecē**	[plu:smas lejtetse:]
upstream (adv)	**plūsmas augštecē**	[plu:smas augʃtetse:]

lake	**ezers** (v)	[ɛzɛrs]
dam	**dambis** (v)	[dambis]
canal	**kanāls** (v)	[kana:ls]
swamp (marshland)	**purvs** (v)	[purvs]
ice	**ledus** (v)	[lɛdus]

19. Countries of the world. Part 1

Europe	**Eiropa** (s)	[ɛirɔpa]
European Union	**Eiropas Savienība** (s)	[ɛirɔpas saviɛni:ba]
European (n)	**eiropietis** (v)	[ɛirɔpiɛtis]
European (adj)	**eiropiešu**	[ɛirɔpiɛʃu]

Austria	**Austrija** (s)	[austrija]
Great Britain	**Lielbritānija** (s)	[liɛlbrita:nija]
England	**Anglija** (s)	[aŋglija]
Belgium	**Beļģija** (s)	[belʲdʲija]
Germany	**Vācija** (s)	[va:tsija]

Netherlands	**Nīderlande** (s)	[ni:derlande]
Holland	**Holande** (s)	[xɔlande]
Greece	**Grieķija** (s)	[griɛtʲija]
Denmark	**Dānija** (s)	[da:nija]
Ireland	**Īrija** (s)	[i:rija]
Iceland	**Īslande** (s)	[i:slande]

Spain	Spānija (s)	[spa:nija]
Italy	Itālija (s)	[ita:lija]
Cyprus	Kipra (s)	[kipra]
Malta	Malta (s)	[malta]

Norway	Norvēģija (s)	[nɔrve:dʲija]
Portugal	Portugāle (s)	[pɔrtuga:le]
Finland	Somija (s)	[sɔmija]
France	Francija (s)	[frantsija]
Sweden	Zviedrija (s)	[zviɛdrija]

Switzerland	Šveice (s)	[ʃvɛitse]
Scotland	Skotija (s)	[skɔtija]
Vatican	Vatikāns (v)	[vatika:ns]
Liechtenstein	Lihtenšteina (s)	[lixtenʃtɛina]
Luxembourg	Luksemburga (s)	[luksemburga]

Monaco	Monako (s)	[mɔnakɔ]
Albania	Albānija (s)	[alba:nija]
Bulgaria	Bulgārija (s)	[bulga:rija]
Hungary	Ungārija (s)	[uŋga:rija]
Latvia	Latvija (s)	[latvija]

Lithuania	Lietuva (s)	[liɛtuva]
Poland	Polija (s)	[pɔlija]
Romania	Rumānija (s)	[ruma:nija]
Serbia	Serbija (s)	[serbija]
Slovakia	Slovākija (s)	[slɔva:kija]

Croatia	Horvātija (s)	[xɔrva:tija]
Czech Republic	Čehija (s)	[tʃexija]
Estonia	Igaunija (s)	[igaunija]
Bosnia and Herzegovina	Bosnija un Hercegovina (s)	[bɔsnija un xertsegɔvina]
Macedonia (Republic of ~)	Maķedonija (s)	[matʲedɔnija]

Slovenia	Slovēnija (s)	[slɔve:nija]
Montenegro	Melnkalne (s)	[melnkalne]
Belarus	Baltkrievija (s)	[baltkriɛvija]
Moldova, Moldavia	Moldova (s)	[mɔldɔva]
Russia	Krievija (s)	[kriɛvija]
Ukraine	Ukraina (s)	[ukraina]

20. Countries of the world. Part 2

Asia	Āzija (s)	[a:zija]
Vietnam	Vjetnama (s)	[vjetnama]
India	Indija (s)	[indija]
Israel	Izraēla (s)	[izraɛ:la]
China	Ķīna (s)	[tʲi:na]

Lebanon	**Libāna** (s)	[liba:na]
Mongolia	**Mongolija** (s)	[mɔŋgɔlija]
Malaysia	**Malaizija** (s)	[malaizija]
Pakistan	**Pakistāna** (s)	[pakista:na]
Saudi Arabia	**Saūda Arābija** (s)	[sau:da ara:bija]
Thailand	**Taizeme** (s)	[taizɛme]
Taiwan	**Taivāna** (s)	[taiva:na]
Turkey	**Turcija** (s)	[turtsija]
Japan	**Japāna** (s)	[japa:na]
Afghanistan	**Afganistāna** (s)	[afganista:na]
Bangladesh	**Bangladeša** (s)	[baŋgladeʃa]
Indonesia	**Indonēzija** (s)	[indɔne:zija]
Jordan	**Jordānija** (s)	[jɔrda:nija]
Iraq	**Irāka** (s)	[ira:ka]
Iran	**Irāna** (s)	[ira:na]
Cambodia	**Kambodža** (s)	[kambɔdʒa]
Kuwait	**Kuveita** (s)	[kuvɛita]
Laos	**Laosa** (s)	[laɔsa]
Myanmar	**Mjanma** (s)	[mjanma]
Nepal	**Nepāla** (s)	[nɛpa:la]
United Arab Emirates	**Apvienotie Arābu Emirāti** (v dsk)	[apviɛnotiɛ ara:bu emira:ti]
Syria	**Sīrija** (s)	[si:rija]
Palestine	**Palestīna** (s)	[palesti:na]
South Korea	**Dienvidkoreja** (s)	[diɛnvidkɔreja]
North Korea	**Ziemeļkoreja** (s)	[ziɛmelʲkɔreja]
United States of America	**Amerikas Savienotās Valstis** (s dsk)	[amerikas saviɛnɔta:s valstis]
Canada	**Kanāda** (s)	[kana:da]
Mexico	**Meksika** (s)	[meksika]
Argentina	**Argentīna** (s)	[argenti:na]
Brazil	**Brazīlija** (s)	[brazi:lija]
Colombia	**Kolumbija** (s)	[kɔlumbija]
Cuba	**Kuba** (s)	[kuba]
Chile	**Čīle** (s)	[tʃi:le]
Venezuela	**Venecuēla** (s)	[vɛnetsuɛ:la]
Ecuador	**Ekvadora** (s)	[ekvadɔra]
The Bahamas	**Bahamu salas** (s dsk)	[baxamu salas]
Panama	**Panama** (s)	[panama]
Egypt	**Ēģipte** (s)	[e:dʲipte]
Morocco	**Maroka** (s)	[marɔka]
Tunisia	**Tunisija** (s)	[tunisija]
Kenya	**Kenija** (s)	[kenija]
Libya	**Lībija** (s)	[li:bija]

South Africa	Dienvidāfrikas Republika (s)	[dienvida:frikas republika]
Australia	Austrālija (s)	[austra:lija]
New Zealand	Jaunzēlande (s)	[jaunze:lande]

21. Weather. Natural disasters

weather	laiks (v)	[laiks]
weather forecast	laika prognoze (s)	[laika prognoze]
temperature	temperatūra (s)	[temperatu:ra]
thermometer	termometrs (v)	[termometrs]
barometer	barometrs (v)	[barometrs]
sun	saule (s)	[saule]
to shine (vi)	spīd saule	[spi:d saule]
sunny (day)	saulains	[saulains]
to come up (vi)	uzlēkt	[uzle:kt]
to set (vi)	rietēt	[riete:t]
rain	lietus (v)	[lietus]
it's raining	līst lietus	[li:st lietus]
pouring rain	stiprs lietus (v)	[stiprs lietus]
rain cloud	melns mākonis (v)	[melns ma:konis]
puddle	peļķe (s)	[peļķe]
to get wet (in rain)	samirkt	[samirkt]
thunderstorm	pērkona negaiss (v)	[pe:rkona negais]
lightning (~ strike)	zibens (v)	[zibens]
to flash (vi)	zibēt	[zibe:t]
thunder	pērkons (v)	[pe:rkons]
it's thundering	dārd pērkons	[da:rd pe:rkons]
hail	krusa (s)	[krusa]
it's hailing	krīt krusa	[kri:t krusa]
heat (extreme ~)	tveice (s)	[tveitse]
it's hot	karsts laiks	[karsts laiks]
it's warm	silts laiks	[silts laiks]
it's cold	auksts laiks	[auksts laiks]
fog (mist)	migla (s)	[migla]
foggy	miglains	[miglains]
cloud	mākonis (v)	[ma:konis]
cloudy (adj)	mākoņains	[ma:koņains]
humidity	mitrums (v)	[mitrums]
snow	sniegs (v)	[sniegs]
it's snowing	krīt sniegs	[kri:t sniegs]
frost (severe ~, freezing cold)	sals (v)	[sals]
below zero (adv)	zem nulles	[zem nulles]

hoarfrost	**sarma** (s)	[sarma]
bad weather	**slikts laiks** (v)	[slikts laiks]
disaster	**katastrofa** (s)	[katastrofa]
flood, inundation	**ūdens plūdi** (v dsk)	[u:dens plu:di]
avalanche	**lavīna** (s)	[lavi:na]
earthquake	**zemestrīce** (s)	[zɛmestri:tse]
tremor, quake	**trieciens** (v)	[triɛtsiɛns]
epicenter	**epicentrs** (v)	[epitsentrs]
eruption	**izvirdums** (v)	[izvirdums]
lava	**lava** (s)	[lava]
tornado	**tornado** (v)	[tɔrnadɔ]
twister	**virpuļvētra** (s)	[virpulʲve:tra]
hurricane	**viesulis** (v)	[viɛsulis]
tsunami	**cunami** (v)	[tsunami]
cyclone	**ciklons** (v)	[tsiklɔns]

22. Animals. Part 1

animal	**dzīvnieks** (v)	[dzi:vniɛks]
predator	**plēsoņa** (s)	[ple:sɔɲa]
tiger	**tīģeris** (v)	[ti:dʲeris]
lion	**lauva** (s)	[lauva]
wolf	**vilks** (v)	[vilks]
fox	**lapsa** (s)	[lapsa]
jaguar	**jaguārs** (v)	[jagua:rs]
lynx	**lūsis** (v)	[lu:sis]
coyote	**koijots** (v)	[kɔijɔts]
jackal	**šakālis** (v)	[ʃaka:lis]
hyena	**hiēna** (s)	[xiɛ:na]
squirrel	**vāvere** (s)	[va:vɛre]
hedgehog	**ezis** (v)	[ɛzis]
rabbit	**trusis** (v)	[trusis]
raccoon	**jenots** (v)	[jenɔts]
hamster	**kāmis** (v)	[ka:mis]
mole	**kurmis** (v)	[kurmis]
mouse	**pele** (s)	[pɛle]
rat	**žurka** (s)	[ʒurka]
bat	**sikspārnis** (v)	[siksɔa:rnis]
beaver	**bebrs** (v)	[bebrs]
horse	**zirgs** (v)	[zirgs]
deer	**briedis** (v)	[briɛdis]
camel	**kamielis** (v)	[kamiɛlis]
zebra	**zebra** (s)	[zebra]

whale	valis (v)	[valis]
seal	ronis (v)	[rɔnis]
walrus	valzirgs (v)	[valzirgs]
dolphin	delfīns (v)	[delfi:ns]

bear	lācis (v)	[la:tsis]
monkey	pērtiķis (v)	[pe:rtitʲis]
elephant	zilonis (v)	[zilɔnis]
rhinoceros	degunradzis (v)	[dɛgunradzis]
giraffe	žirafe (s)	[ʒirafe]

hippopotamus	nīlzirgs (v)	[ni:lzirgs]
kangaroo	ķengurs (v)	[tʲeŋgurs]
cat	kaķis (v)	[katʲis]
dog	suns (v)	[suns]

cow	govs (s)	[gɔvs]
bull	bullis (v)	[bullis]
sheep (ewe)	aita (s)	[aita]
goat	kaza (s)	[kaza]

donkey	ēzelis (v)	[ɛ:zelis]
pig, hog	cūka (s)	[tsu:ka]
hen (chicken)	vista (s)	[vista]
rooster	gailis (v)	[gailis]

duck	pīle (s)	[pi:le]
goose	zoss (s)	[zɔs]
turkey (hen)	tītaru mātīte (s)	[ti:taru ma:ti:te]
sheepdog	aitu suns (v)	[aitu suns]

23. Animals. Part 2

bird	putns (v)	[putns]
pigeon	balodis (v)	[balɔdis]
sparrow	zvirbulis (v)	[zvirbulis]
tit (great tit)	zīlīte (s)	[zi:li:te]
magpie	žagata (s)	[ʒagata]

eagle	ērglis (v)	[e:rglis]
hawk	vanags (v)	[vanags]
falcon	piekūns (v)	[piɛku:ns]

swan	gulbis (v)	[gulbis]
crane	dzērve (s)	[dze:rve]
stork	stārķis (v)	[sta:rtʲis]
parrot	papagailis (v)	[papagailis]
peacock	pāvs (v)	[pa:vs]
ostrich	strauss (v)	[straus]
heron	gārnis (v)	[ga:rnis]

nightingale	lakstīgala (s)	[laksti:gala]
swallow	bezdelīga (s)	[bezdeli:ga]
woodpecker	dzenis (v)	[dzenis]
cuckoo	dzeguze (s)	[dzɛguze]
owl	pūce (s)	[pu:tse]

penguin	pingvīns (v)	[piŋgvi:ns]
tuna	tuncis (v)	[tuntsis]
trout	forele (s)	[forɛle]
eel	zutis (v)	[zutis]

shark	haizivs (s)	[xaizivs]
crab	krabis (v)	[krabis]
jellyfish	medūza (s)	[mɛdu:za]
octopus	astoņkājis (v)	[astoɲka:jis]

starfish	jūras zvaigzne (s)	[ju:ras zvaigzne]
sea urchin	jūras ezis (v)	[ju:ras ezis]
seahorse	jūras zirdziņš (v)	[ju:ras zirdziɲʃ]
shrimp	garnele (s)	[garnɛle]

snake	čūska (s)	[tʃu:ska]
viper	odze (s)	[odze]
lizard	ķirzaka (s)	[tʲirzaka]
iguana	iguāna (s)	[igua:na]
chameleon	hameleons (v)	[xamɛleons]
scorpion	skorpions (v)	[skorpions]

turtle	bruņurupucis (v)	[bruɲuruputsis]
frog	varde (s)	[varde]
crocodile	krokodils (v)	[krokodils]

insect, bug	kukainis (v)	[kukainis]
butterfly	taurenis (v)	[taurenis]
ant	skudra (s)	[skudra]
fly	muša (s)	[muʃa]

mosquito	ods (v)	[ods]
beetle	vabole (s)	[vabole]
bee	bite (s)	[bite]
spider	zirneklis (v)	[zirneklis]

24. Trees. Plants

tree	koks (v)	[koks]
birch	bērzs (v)	[be:rzs]
oak	ozols (v)	[ozols]
linden tree	liepa (s)	[liɛpa]
aspen	apse (s)	[apse]
maple	kļava (s)	[klʲava]

spruce	**egle** (s)	[egle]
pine	**priede** (s)	[priɛde]
cedar	**ciedrs** (v)	[tsiɛdrs]
poplar	**papele** (s)	[papɛle]
rowan	**pīlādzis** (v)	[pi:la:dzis]
beech	**dižskābardis** (v)	[diʒska:bardis]
elm	**vīksna** (s)	[vi:ksna]
ash (tree)	**osis** (v)	[ɔsis]
chestnut	**kastaņa** (s)	[kastaɲa]
palm tree	**palma** (s)	[palma]
bush	**Krūms** (v)	[kru:ms]
mushroom	**sēne** (s)	[sɛ:ne]
poisonous mushroom	**indīga sēne** (s)	[indi:ga sɛ:ne]
cep (Boletus edulis)	**baravika** (s)	[baravika]
russula	**bērzlape** (s)	[be:rzlape]
fly agaric	**mušmire** (s)	[muʃmire]
death cap	**suņu sēne** (s)	[suɲu sɛ:ne]
flower	**zieds** (v)	[ziɛds]
bouquet (of flowers)	**ziedu pušķis** (v)	[ziɛdu puʃtʲis]
rose (flower)	**roze** (s)	[rɔze]
tulip	**tulpe** (s)	[tulpe]
carnation	**neļķe** (s)	[nelʲtʲe]
camomile	**kumelīte** (s)	[kumeli:te]
cactus	**kaktuss** (v)	[kaktus]
lily of the valley	**maijpuķīte** (s)	[maijputʲi:te]
snowdrop	**sniegpulkstenīte** (s)	[sniɛgpulksteni:te]
water lily	**ūdensroze** (s)	[u:densrɔze]
greenhouse (tropical ~)	**oranžērija** (s)	[ɔranʒe:rija]
lawn	**zālājs** (v)	[za:la:js]
flowerbed	**puķu dobe** (s)	[putʲu dɔbe]
plant	**augs** (v)	[augs]
grass	**zāle** (s)	[za:le]
leaf	**lapa** (s)	[lapa]
petal	**lapiņa** (s)	[lapiɲa]
stem	**stiebrs** (v)	[stiɛbrs]
young plant (shoot)	**dīglis** (v)	[di:glis]
cereal crops	**graudaugi** (v dsk)	[graudaugi]
wheat	**kvieši** (v dsk)	[kviɛʃi]
rye	**rudzi** (v dsk)	[rudzi]
oats	**auzas** (s dsk)	[auzas]
millet	**prosa** (s)	[prɔsa]
barley	**mieži** (v dsk)	[miɛʒi]
corn	**kukurūza** (s)	[kukuru:za]
rice	**rīsi** (v dsk)	[ri:si]

25. Various useful words

balance (of situation)	bilance (s)	[bilantse]
base (basis)	bāze (s)	[ba:ze]
beginning	sākums (v)	[sa:kums]
category	kategorija (s)	[kategɔrija]

choice	izvēle (s)	[izvɛ:le]
coincidence	sakritība (s)	[sakriti:ba]
comparison	salīdzināšana (s)	[sali:dzina:ʃana]
degree (extent, amount)	pakāpe (s)	[paka:pe]

development	attīstība (s)	[atti:sti:ba]
difference	atšķirība (s)	[atʃtʲiri:ba]
effect (e.g., of drugs)	efekts (v)	[efekts]
effort (exertion)	spēks (v)	[spe:ks]

element	elements (v)	[ɛlɛments]
example (illustration)	paraugs (v)	[paraugs]
fact	fakts (v)	[fakts]
help	palīdzība (s)	[pali:dzi:ba]

ideal	ideāls (v)	[idea:ls]
kind (sort, type)	veids (v)	[vɛids]
mistake, error	kļūda (s)	[klʲu:da]
moment	brīdis (v)	[bri:dis]

obstacle	šķērslis (v)	[ʃtʲɛ:rslis]
part (~ of sth)	daļa (s)	[dalʲa]
pause (break)	pauze (s)	[pauze]
position	pozīcija (s)	[pozi:tsija]

problem	problēma (s)	[prɔblɛ:ma]
process	process (v)	[prɔtses]
progress	progress (v)	[prɔgres]
property (quality)	īpašība (s)	[i:paʃi:ba]

reaction	reakcija (s)	[reaktsija]
risk	risks (v)	[risks]
secret	noslēpums (v)	[nɔslɛ:pums]
series	sērija (s)	[se:rija]

shape (outer form)	forma (s)	[fɔrma]
situation	situācija (s)	[situa:tsija]
solution	risinājums (v)	[risina:jums]
standard (adj)	standarta	[standarta]

stop (pause)	apstāšanās (s)	[apsta:ʃana:s]
style	stils (v)	[stils]
system	sistēma (s)	[sistɛ:ma]

| table (chart) | tabula (s) | [tabula] |
| tempo, rate | temps (v) | [temps] |

term (word, expression)	termins (v)	[termins]
truth (e.g., moment of ~)	patiesība (s)	[patiɛsi:ba]
turn (please wait your ~)	rinda (s)	[rinda]
urgent (adj)	steidzams	[stɛidzams]

utility (usefulness)	labums (v)	[labums]
variant (alternative)	variants (v)	[variants]
way (means, method)	veids (v)	[vɛids]
zone	zona (s)	[zɔna]

26. Modifiers. Adjectives. Part 1

additional (adj)	papildu	[papildu]
ancient (~ civilization)	sens	[sens]
artificial (adj)	mākslīgs	[ma:ksli:gs]
bad (adj)	slikts	[slikts]
beautiful (person)	skaists	[skaists]

big (in size)	liels	[liɛls]
bitter (taste)	rūgts	[ru:gts]
blind (sightless)	akls	[akls]
central (adj)	centrālais	[tsentra:lais]

children's (adj)	bērnu	[be:rnu]
clandestine (secret)	pagrīdes	[pagri:des]
clean (free from dirt)	tīrs	[ti:rs]
clever (smart)	gudrs	[gudrs]
compatible (adj)	savietojams	[saviɛtɔjams]

contented (satisfied)	apmierināts	[apmiɛrina:ts]
dangerous (adj)	bīstams	[bi:stams]
dead (not alive)	miris	[miris]
dense (fog, smoke)	blīvs	[bli:vs]
difficult (decision)	grūts	[gru:ts]

dirty (not clean)	netīrs	[neti:rs]
easy (not difficult)	vienkāršs	[viɛnka:rʃs]
empty (glass, room)	tukšs	[tukʃs]
exact (amount)	precīzs	[pretsi:zs]
excellent (adj)	lielisks	[liɛlisks]

excessive (adj)	pārmērīgs	[pa:rme:ri:gs]
exterior (adj)	ārējs	[a:re:js]
fast (quick)	ātrs	[a:trs]
fertile (land, soil)	auglīgs	[augli:gs]
fragile (china, glass)	trausls	[trausls]
free (at no cost)	bez maksas	[bez maksas]

fresh (~ water)	sājš	[sa:jʃ]
frozen (food)	iesaldēts	[iɛsalde:ts]
full (completely filled)	pilns	[pilns]
happy (adj)	laimīgs	[laimi:gs]

hard (not soft)	ciets	[tsiɛts]
huge (adj)	milzīgs	[milzi:gs]
ill (sick, unwell)	slims	[slims]
immobile (adj)	nekustīgs	[nɛkusti:gs]
important (adj)	svarīgs	[svari:gs]

interior (adj)	iekšējs	[iɛkʃe:js]
last (e.g., ~ week)	pagājušais	[paga:juʃais]
last (final)	pēdējais	[pɛ:de:jais]
left (e.g., ~ side)	kreisais	[krɛisais]
legal (legitimate)	likumīgs	[likumi:gs]

light (in weight)	viegls	[viɛgls]
liquid (fluid)	šķidrs	[ʃtʲidrs]
long (e.g., ~ hair)	garšīgs	[garʃi:gs]
loud (voice, etc.)	skaļš	[skalʲʃ]
low (voice)	kluss	[klus]

27. Modifiers. Adjectives. Part 2

main (principal)	galvenais	[galvɛnais]
matt, matte	matēts	[mate:ts]
mysterious (adj)	noslēpumains	[nɔslɛ:pumains]
narrow (street, etc.)	šaurs	[ʃaurs]
native (~ country)	dzimtā	[dzimta:]

negative (~ response)	negatīvs	[nɛgati:vs]
new (adj)	jauns	[jauns]
next (e.g., ~ week)	nākamais	[na:kamais]
normal (adj)	normāls	[nɔrma:ls]
not difficult (adj)	viegls	[viɛgls]

obligatory (adj)	obligāts	[ɔbliga:ts]
old (house)	vecs	[vets]
open (adj)	atklāts	[atkla:ts]
opposite (adj)	pretējs	[prɛte:js]
ordinary (usual)	parasts	[parasts]

original (unusual)	oriģināls	[ɔridʲina:ls]
personal (adj)	privātais	[priva:tais]
polite (adj)	laipns	[laipns]
poor (not rich)	nabags	[nabags]

| possible (adj) | iespējamais | [iɛspe:jamais] |
| principal (main) | pamata | [pamata] |

probable (adj)	varbūtējs	[varbu:te:js]
prolonged (e.g., ~ applause)	ilgstošs	[ilgstoʃs]
public (open to all)	sabiedrisks	[sabiɛdrisks]

rare (adj)	rets	[rets]
raw (uncooked)	jēls	[jɛ:ls]
right (not left)	labais	[labais]
ripe (fruit)	nogatavojies	[nɔgatavɔjiɛs]

risky (adj)	riskants	[riskants]
sad (~ look)	skumjš	[skumjʃ]
second hand (adj)	lietots	[liɛtɔts]
shallow (water)	sekls	[sekls]
sharp (blade, etc.)	ass	[as]

short (in length)	īss	[i:s]
similar (adj)	līdzīgs	[li:dzi:gs]
small (in size)	mazs	[mazs]
smooth (surface)	gluds	[gluds]
soft (~ toys)	mīksts	[mi:ksts]

solid (~ wall)	izturīgs	[izturi:gs]
sour (flavor, taste)	skābs	[ska:bs]
spacious (house, etc.)	plašs	[plaʃs]
special (adj)	speciāls	[spetsia:ls]

straight (line, road)	taisns	[taisns]
strong (person)	spēcīgs	[spe:tsi:gs]
stupid (foolish)	muļķīgs	[mulʲtʲi:gs]
superb, perfect (adj)	lielisks	[liɛlisks]

sweet (sugary)	salds	[salds]
tan (adj)	nosauļojies	[nɔsaulʲɔjiɛs]
tasty (delicious)	garšīgs	[garʃi:gs]
unclear (adj)	neskaidrs	[neskaidrs]

28. Verbs. Part 1

to accuse (vt)	apsūdzēt	[apsu:dze:t]
to agree (say yes)	piekrist	[piɛkrist]
to announce (vt)	paziņot	[paziɲot]
to answer (vi, vt)	atbildēt	[atbilde:t]
to apologize (vi)	atvainoties	[atvainɔtiɛs]

to arrive (vi)	atbraukt	[atbraukt]
to ask (~ oneself)	jautāt	[jauta:t]
to be absent	nebūt klāt	[nɛbu:t kla:t]
to be afraid	baidīties	[baidi:tiɛs]
to be born	piedzimt	[piɛdzimt]

to be in a hurry	steigties	[stɛigtiɛs]
to beat (to hit)	sist	[sist]
to begin (vt)	sākt	[sa:kt]
to believe (in God)	ticēt	[titse:t]
to belong to …	piederēt	[piɛdɛre:t]
to break (split into pieces)	lauzt	[lauzt]

to build (vt)	būvēt	[bu:ve:t]
to buy (purchase)	pirkt	[pirkt]
can (v aux)	spēt	[spe:t]
can (v aux)	spēt	[spe:t]
to cancel (call off)	atcelt	[attselt]

to catch (vt)	ķert	[tʲert]
to change (vt)	mainīt	[maini:t]
to check (to examine)	pārbaudīt	[pa:rbaudi:t]
to choose (select)	izvēlēties	[izvɛ:le:tiɛs]
to clean up (tidy)	uzkopt	[uzkɔpt]

to close (vt)	aizvērt	[aizve:rt]
to compare (vt)	salīdzināt	[sali:dzina:t]
to complain (vi, vt)	sūdzēties	[su:dze:tiɛs]

| to confirm (vt) | apstiprināt | [apstiprina:t] |
| to congratulate (vt) | apsveikt | [apsvɛikt] |

to cook (dinner)	gatavot	[gatavɔt]
to copy (vt)	nokopēt	[nokɔpe:t]
to cost (vt)	maksāt	[maksa:t]

| to count (add up) | sarēķināt | [sare:tʲina:t] |
| to count on … | paļauties uz … | [palʲauties uz …] |

to create (vt)	izveidot	[izvɛidɔt]
to cry (weep)	raudāt	[rauda:t]
to dance (vi, vt)	dejot	[dejɔt]

| to deceive (vi, vt) | krāpt | [kra:pt] |
| to decide (~ to do sth) | lemt | [lemt] |

to delete (vt)	izdzēst	[izdze:st]
to demand (request firmly)	prasīt	[prasi:t]
to deny (vt)	noliegt	[noliɛgt]

| to depend on … | atkarāties no … | [atkara:ties nɔ …] |
| to despise (vt) | nicināt | [nitsina:t] |

to die (vi)	nomirt	[nomirt]
to dig (vt)	rakt	[rakt]
to disappear (vi)	pazust	[pazust]
to discuss (vt)	apspriest	[apspriɛst]
to disturb (vt)	traucēt	[trautse:t]

29. Verbs. Part 2

to dive (vi)	nirt	[nirt]
to divorce (vi)	šķirties	[ʃtʲirtiɛs]
to do (vt)	darīt	[dari:t]
to doubt (have doubts)	šaubīties	[ʃaubi:tiɛs]
to drink (vi, vt)	dzert	[dzert]
to drop (let fall)	nomest	[nɔmest]
to dry (clothes, hair)	žāvēt	[ʒa:ve:t]
to eat (vi, vt)	ēst	[ɛ:st]
to end (~ a relationship)	pārtraukt	[pa:rtraukt]
to excuse (forgive)	piedot	[piɛdɔt]
to exist (vi)	eksistēt	[eksiste:t]
to expect (foresee)	paredzēt	[paredze:t]
to explain (vt)	paskaidrot	[paskaidrɔt]
to fall (vi)	krist	[krist]
to fight (street fight, etc.)	kauties	[kautiɛs]
to find (vt)	atrast	[atrast]
to finish (vt)	beigt	[bɛigt]
to fly (vi)	lidot	[lidɔt]
to forbid (vt)	aizliegt	[aizliɛgt]
to forget (vi, vt)	aizmirst	[aizmirst]
to forgive (vt)	piedot	[piɛdɔt]
to get tired	nogurt	[nɔgurt]
to give (vt)	dot	[dɔt]
to go (on foot)	iet	[iɛt]
to hate (vt)	ienīst	[iɛni:st]
to have (vt)	būt	[bu:t]
to have breakfast	brokastot	[brɔkastɔt]
to have dinner	vakariņot	[vakariɲɔt]
to have lunch	pusdienot	[pusdiɛnɔt]
to hear (vt)	dzirdēt	[dzirde:t]
to help (vt)	palīdzēt	[pali:dze:t]
to hide (vt)	slēpt	[sle:pt]
to hope (vi, vt)	cerēt	[tsɛre:t]
to hunt (vi, vt)	medīt	[medi:t]
to hurry (vi)	steigties	[stɛigtiɛs]
to insist (vi, vt)	uzstāt	[uzsta:t]
to insult (vt)	aizvainot	[aizvainɔt]
to invite (vt)	ielūgt	[iɛlu:gt]
to joke (vi)	jokot	[jokɔt]
to keep (vt)	uzglabāt	[uzglaba:t]
to kill (vt)	nogalināt	[nɔgalina:t]
to know (sb)	pazīt	[pazi:t]

to know (sth)	zināt	[zina:t]
to like (I like …)	patikt	[patikt]
to look at …	skatīties uz …	[skati:ties uz …]

to lose (umbrella, etc.)	pazaudēt	[pazaude:t]
to love (sb)	mīlēt	[mi:le:t]
to make a mistake	kļūdīties	[klʲu:di:ties]
to meet (vi, vt)	satikt	[satikt]
to miss (school, etc.)	kavēt	[kave:t]

30. Verbs. Part 3

to obey (vi, vt)	paklausīt	[paklausi:t]
to open (vt)	atvērt	[atve:rt]
to participate (vi)	piedalīties	[piɛdali:tiɛs]
to pay (vi, vt)	maksāt	[maksa:t]
to permit (vt)	atļaut	[atlʲaut]

to play (children)	spēlēt	[spɛ:le:t]
to pray (vi, vt)	lūgties	[lu:gtiɛs]
to promise (vt)	solīt	[soli:t]
to propose (vt)	piedāvāt	[piɛda:va:t]
to prove (vt)	pierādīt	[piɛra:di:t]
to read (vi, vt)	lasīt	[lasi:t]

to receive (vt)	saņemt	[saɲemt]
to rent (sth from sb)	īrēt	[i:re:t]
to repeat (say again)	atkārtot	[atka:rtɔt]
to reserve, to book	rezervēt	[rɛzerve:t]
to run (vi)	skriet	[skriɛt]

to save (rescue)	glābt	[gla:bt]
to say (~ thank you)	teikt	[tɛikt]
to see (vt)	redzēt	[redze:t]
to sell (vt)	pārdot	[pa:rdɔt]
to send (vt)	sūtīt	[su:ti:t]
to shoot (vi)	šaut	[ʃaut]

to shout (vi)	kliegt	[kliɛgt]
to show (vt)	parādīt	[para:di:t]
to sign (document)	parakstīt	[paraksti:t]
to sing (vi)	dziedāt	[dziɛda:t]
to sit down (vi)	sēsties	[se:stiɛs]

to smile (vi)	smaidīt	[smaidi:t]
to speak (vi, vt)	runāt	[runa:t]
to steal (money, etc.)	zagt	[zagt]
to stop (please ~ calling me)	pārtraukt	[pa:rtraukt]
to study (vt)	pētīt	[pe:ti:t]

to swim (vi)	peldēt	[pelde:t]
to take (vt)	ņemt	[ņemt]
to talk to ...	sarunāties ar ...	[saruna:ties ar ...]
to tell (story, joke)	stāstīt	[sta:sti:t]
to thank (vt)	pateikties	[patɛikti ɛs]
to think (vi, vt)	domāt	[dɔma:t]
to translate (vt)	tulkot	[tulkɔt]
to trust (vt)	uzticēt	[uztitse:t]
to try (attempt)	mēģināt	[me:dʲina:t]
to turn (e.g., ~ left)	pagriezties	[pagriɛzti ɛs]
to turn off	izslēgt	[izsle:gt]
to turn on	ieslēgt	[iɛsle:gt]
to understand (vt)	saprast	[saprast]
to wait (vt)	gaidīt	[gaidi:t]
to want (wish, desire)	gribēt	[gribe:t]
to work (vi)	strādāt	[stra:da:t]
to write (vt)	rakstīt	[raksti:t]

Printed in Great Britain
by Amazon